中国高校双创教师的深刻变革：
教练型教师的定义和重构

于 强 著

全国百佳图书出版单位
吉林出版集团股份有限公司

图书在版编目(CIP)数据

中国高校双创教师的深刻变革：教练型教师的定义
和重构 / 于强著. -- 长春：吉林出版集团股份有限公
司，2024. 6. -- ISBN 978-7-5731-5317-3

Ⅰ. G645.12

中国国家版本馆 CIP 数据核字第 2024BK4174 号

中国高校双创教师的深刻变革：教练型教师的定义和重构
ZHONGGUO GAOXIAO SHUANGCHUANG JIAOSHI DE SHENKE BIANGE JIAOLIANXING JIAOSHI DE DINGYI HE CHONGGOU

著　　者：于　强
责任编辑：沈丽娟
技术编辑：王会莲
封面设计：冯冯翼
开　　本：787mm×1092mm　1/16
字　　数：198 千字
印　　张：10.75
版　　次：2024 年 6 月第 1 版
印　　次：2025 年 1 月第 1 次印刷
出　　版：吉林出版集团股份有限公司
发　　行：吉林出版集团外语教育有限公司
地　　址：长春市福祉大路 5788 号龙腾国际大厦 B 座 7 层
电　　话：总编办：0431－81629929
印　　刷：吉林省创美堂印刷有限公司

ISBN 978-7-5731-5317-3　　　　　定价：65.00 元

前　言

　　高等学校教师是高级专门人才培养的主要承担者，教师队伍的素质决定着高校的教育质量水平。教师的发展与成长直接影响着高等教育的兴衰，因此打造一支高素质的教师队伍对于高校发展具有重要意义。围绕高等院校的办学定位，高等院校教师转型为教练型是必要的也是可行的。培养具有教练属性的教师是今后高等院校师资队伍建设的一个重要方向，也是加强内涵建设、推进课程改革的关键环节。

　　本书首先阐述教师发展理论基础，为接下来的论述提供理论支持，再论述大数据时代高校教师的定位转变、教练型教师的发展研究、认知学徒制视角下高校教师教学能力培养、"双师型"教师培养方法与模式构建、职业院校"双师型"教师培养制度与机制研究、高校创新创业教育师资建设实践。本书对双创教师的变革进行了深入研究，希望通过本书，能够为双创教师的发展与变革提供理论支持。

　　本书在撰写的过程中参考、引用了学者的学术成果，在此对他们表示诚挚的谢意。此外，若有疏漏、错误之处，恳请广大读者指正。

目 录

第一章　教师发展理论基础

第一节　教师知识理论

一、西方教师知识结构理论

关于教师知识结构，西方学者提出了各自的看法，可以归纳为以下几种理论。

（一）教师的内容知识理论

几乎所有对教师知识结构进行研究的学者都将学科知识，或称内容知识，列为教师具有的或应当具有的知识类型之一。舒尔曼提出的科学知识指具有科学的概念、规则和内容等。格罗斯曼所指的科学知识包括两方面的内容：一是学科内容本身；二是外在的学科教学法的知识。之所以说学科教学法是外在的，是因为它是该学科实在性和文法性的结构与知识，格罗斯曼冠名以"学科教学法知识"。吉麦斯坦德和豪也将科学知识列入教师知识结构中，同其他学者一样，他们提出的科学知识也是指教师所教学科内容方面的知识，并认为这种知识需要一定的深度。1986年，美国教育学院协会（AACET）成立了"师资教育改革中心"，中心下设了很多工作小组，其中一个是"知识基础行动小组"，其任务是建立一套初任教师必备的知识基础，最后由梅纳德·雷诺兹主编完成《新教师的知识基础》一书，该书认为教师必备的知识基础包括14类，第一类有关任教学科的知识就是这里所说的教师的科学知识。

（二）教师的教学法知识理论

舒尔曼将教师的教学法知识分为两种：一种是一般教学法知识，即来自教育心理学取向的如设计教学、管理课堂和激发学生学习动机等;另一种是学科教学法知识,即教师将学科内容转化和表征为有教学意义的形式、适用于不同能力和背景学生的能力的知识。这种知识是综合了学科知识、教学和背景的知识而成的知识,是一种教师特有的知识。吉麦斯坦德和豪在教师的教学法知识上的看法与舒尔曼大致相同,也将其分为一般教学法知识和学科教学法知识。他们所谓的一般教学法知识是知道如何教的知识,包括学习理论、学生学习评价策略、课堂管理、技术在教学中的运用和教育中的多元文化等。他们也认为学科教学法知识是教师个人独特的教学经验,是教师特殊学科领域内容和教学法的整合。格罗斯曼将舒尔曼所指的学科教学法知识并入学科知识中,而仅将一般教学法知识单独列出,它包括课堂组织与管理的知识和一般的教学法等。以塔米尔为首的教师知识研究小组也对教师知识进行了界定,将教师的教学法知识分为一般教学法知识和学科教学法知识,并且阐述得更为具体。他所指的一般教学法知识,包括学生学习理论的知识、课堂理论的知识、教学与班级管理策略的知识、有关评价和测验的知识;而学科教学法知识,则包括对学生认知的认识、学科课程的纵贯理解、安排计划及实际教学活动的知识、有关测验本质及对应用目的的理解的知识。

(三)其他教师知识结构理论

除了学科知识和学科教学法知识外,学者们还对教师具备或应当具备的各种其他知识进行了阐述。在学者们的研究中,有关于课程知识的阐述,有关于学生知识的阐述,还有对各种教育背景、地域文化差异等知识的阐述。有些学者将这些知识作为独立的类型单独列出,如舒尔曼;还有些学者对这些知识或进行更为细致的划分,或重新排列组合,例如格罗斯曼将教师工作的多元、内涵的情境,如学校、学区、地区和州等,教师所知道的学生的家庭状况,以及学生所生活的社区、教师在某一特定国家教育方面的历史哲学和文化基础,以及教师的个人价值观、能力倾向、优势和弱点、教育哲学、学生发展目标以及教学等的知识都统称为背景知识。另外,他也将学生知识和课程知识单独进行了阐述,他所指的学习者和学习的知识包括学习理论的知识,学生身体、社会状况、心理、认知发展等方面的知识,激励理论及其在实践中的作用,道德的、社会经济学的、学生的性别差异等;而课程知识则包括课程开发程序的知识、学校各个年级内部以及跨年级的课程。

从上述可以看出,无论学者们对教师知识结构类型怎样进行划分,都以学科知识和学科教学法知识作为最基本的部分,甚至一些学者对教师知识的划分就只包括这两个方面。如伯利纳提出,教师知识结构包括三个方面:学科内容知识、学科教学法知识和一般教学法知识;而博科和帕特南提出的教师知识结构与此有几分相似,只是把"学科内容知识"换成了"教材内容知识",因此他们所指的教师知识结构包括教材内容知识、学科教学法知识和一般教学法知识。

吉麦斯坦德和豪在教材内容知识、一般教学法知识和学科教学法知识之外,还列出了教师应掌握的另一种知识——普通知识。所谓普通知识,是指作为一名大学毕业生和受过教育的公民应具备的知识,包括书面交流和口头交流能力,计算和数学技能,对技术的运用,历史、文学、艺术、科学等一般性知识。

此外,吉尔伯特、赫斯特和克拉里等从与上述结构较为不同的维度提出了一个关于"课堂教师"专业知识基础的广泛的既前后有序又具有层次的分类,在这里,笔者将他们的理论作为一个整体单独进行介绍。在他们的分类中设计了四个层次:第一个层次是关于学校作为一种机构的知识,包括各国教育史、教育哲学、职业道德、公共政策、学校法规和学校组织方面的知识;第二个层次是关于学生的知识,成分有多元分化教育、社会经济因素、学习理论以及人的发展方面的知识;第三个层次是教学知识,包括课程发展、教学方法、教学技术、测量和学习风格的知识;第四个层次是决策层次,又称为实际应用的知识,其中有人际关系、教育管理、评价及建立模式方面的知识。

这一部分对不同学者提出的关于教师知识构成的理论按照教师学科知识理论、教师教学法知识理论和其他知识理论这种教师知识所包含的成分的维度进行了整合。

二、国内教师知识结构理论

国内也有许多学者对教师知识结构进行了深入的研究，这些研究可以归纳为四种取向，即功能取向、学科取向、实践取向以及复合型取向。功能取向的教师知识结构理论根据不同的功能将教师知识进行分类。学科取向的教师知识结构理论将与学科相关的教育教学知识和一般的教育教学知识区分开来。实践取向的教师知识结构理论则根据教师知识实际存在方式的不同，将实践知识和理论知识区分开来。而复合型取向的教师知识结构理论则不满其他结构划分取向的单一性，提出了更为综合的教师知识结构特性。

(一)功能取向的教师知识结构研究

林崇德从教师知识的功能性角度出发，把教师知识结构分为本体性知识、文化知识、实践知识、条件性知识四个部分。教师的本体性知识是指教师所具有的特定的学科知识，如语文知识、数学知识和英语语言知识等，这是人们所普遍熟知的一种教师知识。这一知识事实上就是舒尔曼等西方学者所说的学科知识。林崇德认为，一个人的最佳知识结构主要是以自己所从事的事业与专业为基础，教师扎实的本体性知识是其取得良好教学效果的基本保证，学生的年级越高，教师的威信越是取决于其本体性知识的水平。但他认为，具有丰富的学科知识只是"基本保证"，而不是唯一保证，即只有本体性知识与学生成绩之间几乎不存在统计上的"高相关"关系。教师的个性知识要有，但达到某种水平即可，多了对教师的教学不一定起作用。林崇德所划分的第二种教师知识是文化知识。他认为，教师具有广博的文化知识，不仅能扩展学生的精神世界，而且还能激发他们的求知欲，学生的全面发展在一定程度上取决于教师文化知识的广泛性和深刻性。广博的文化知识对于取得最佳的教育效果，具有与本体性知识同等重要的意义。他所指的教师实践知识是指教师在面临实现有目的的行为中所具有的课堂情境知识以及与之有关的知识，这种知识是教师教学经验的积累。教师所采取的知识来自个人的教育教学实践，具有明显的教学经验性，而且实践知识受一个人经历的影响，这些经历包括人的打算与目的以及人生经验的积累效应。这种知识的表达包含丰富的细节，并以个体化的语言存在，而关于教学的传统研究常把教学看成一种程式化的过程，忽视了实践知识与教师的个人打算。教师的条件性知识则是指教师所具有的教育学与心理学知识。条件性知识是一个教师成功教学的重要保障，可具体划分为三个方面，即学生身心发展的知识、教与学的知识、学生成绩评价的知识。

(二)学科取向的教师知识结构研究

另外一些教育研究者在吸收借鉴国外教师知识结构研究的基础上，根据实际情况对此进行了有针对性的研究。单文经的教师知识思想比较有代表性，他认为教师知识结构应该包括一般的教师专业知识和学科知识两大部分。一般的教师专业知识是指与教学内容无直接关系的知识，分为四个方面：一般的教学知识是指教室管理、组织策略等涵盖范围较广的原理、原则；教育目的的知识是指有关教育目的和目标、理想、价值等的知识，以及其哲学与历史的背景；学生身心发展的知识是指有关身心发展特征的了解，特别是学生认知能力的发展，以及如何激励学生学习动机的心理因素等知识；其他相关教育的知识，指教育运作的社会及文化背景，乃至教育的政治、法律、财政与经费运作的情况等有关教育的概论性知识。学科知识是指教师教学时需要处理的与教学内容有关的知识，又分为三个部分：教材内容的知识是指教师所要教的教材内容本身，不同的教材领域有不同的知识结构；教材教法的知识是指融教材和教法为一体的知识，以最能表现科学知识的形式出现；课程知识包括教师进行教学所需的教学资源，并能有效地运用。另外，学生在接受课程时，教师不仅要了解学生在同一时间内所学其他各学科内容，达到融会贯通，还要了解学生同一学科过去所学的内容以及将来要学习的教材主题及相关内容，以确保教学上前后知识的衔接。

(三)实践取向的教师知识结构研究

根据教师实际存在方式的不同,陈向明把教师知识分成理论性知识与实践性知识两类。他认为,理论性知识通常呈外显状态,可以为教师和专业理论工作者共享,具有可表述性,比较容易把握。实践性知识通常呈内隐状态,基于教师的个人经验和个人特征,实践中因其具有隐蔽性、非系统性、缄默性,很难把握。但两者都是教师专业发展不可缺少的充要条件,而且两者密不可分、相互补充、相互影响。他还认为,实践性知识比理论性知识更重要(处于主导位置),发挥的作用更大。此后,陈向明进一步对教师的实践性知识进行了分类,认为教师实践性知识分为以下六个方面的内容:教师的教育信念;教师的自我知识,包括自我概念、自我评估、自我教学效能感和对自我调节的认识等;教师的人际知识,这种知识反映在课堂上的管理中,包括对学生群体动力、班级管理惯例、教师体态语的把握和教室的布置等;教师的情境知识,主要通过教师的教学机制反映出来;教师的批判反思知识;教师的策略性知识,主要指教师在教学活动中表现出来的对理论性知识的理解和把握,主要基于教师个人的经验和思考,包括教师对学科内容、学科教学法、教育学理论的理解,对整合了上述领域的教学学科知识的把握,将原理知识运用到教学中的具体策略(如比喻和类推),对所教科目及其目标的了解和理解,对课程内容和教学方式的选择与安排,对教学知识的规划和实施,对教学方法和技术的采用,对特殊案例的处理和选择学生评估的标准和手段等。

(四)复合型取向的教师知识结构研究

一些学者突破"学科知识+教育学知识"的传统模式,提出了多层次或多构成的教师知识结构,是多层次复合的,主要有三个层面。最基础层面是有关当代科学和人文两方面的基础知识,以及工具性学科的扎实基础和熟练运用的技能、技巧。这是教师作为人类社会中的知识分子和胜任教育者角色所必需的。第二层面是具备1~2门学科的专门性知识与技能,是教师胜任教学工作的基础性知识。与非教师的其他专业人员学习同样学科的要求相比,教师有其特殊的专业要求。教师应该对学科的基础性知识和技能有广泛的、准确的理解,熟练掌握相关的技能、技巧;教师要对与该学科有关的知识,尤其是相关点、相关性质和逻辑关系有基本了解;教师需要了解该学科的发展历史和趋势,了解该学科对社会、人类发展的价值以及在人类实践活动中的多种表现形式。这些知识的意义在于使教师能在教学中把学科知识与人类的关系、与现实世界的关系揭示出来,使学科具有更丰富的人文价值,同时也能激起学生发现、探索和创造的欲望以及为人类和社会的发展做贡献的欲望。最后,教师需要掌握每一门学科所提供的独特的认识世界的视角、域界、层次及思维的工具与方法,熟悉学科内科学家的创造发现过程和成功的原因,以及在他们身上展现的学科精神和人格力量。第三层面是教育学科知识,教师帮助认知教育对象、教育教学活动和展开教育研究的专门知识结构。在这方面,未来教师要加强有关对象——人的知识、教育哲理的形成、管理策略、教育教学活动设计、方法选择、现代教育技术手段的运用及教育研究等方面的知识与技能。这三个层面的知识相互支撑、相互渗透,并能有机整合。

刘清华也将最初的"学科知识＋教育学知识"二维结构进行了扩展。他对中小学教师的知识结构进行调查分析后认为其知识结构由八个部分构成。①学科内容知识。这部分知识是教师最基本的知识内容,也是传统教育最为强调的内容,涉及的三个范围是:实质性知识(主要指一些学科内部相互联系的概念的知识,是学科的事实、概念和某一学科程式及其相互联系的知识,它影响着学科内容知识的组织以及引导学生进一步探究问题的"解释性框架知识"。它们形成概念的论证,引导教师探究)、文法性知识(指在该学科中用于建构知识的方法,是产生和确立命题知识的方式与方法)和学科知识的信念。②一般性教学法知识。其范畴是指教师关于教、学和学生的知识与信念,超越特定学科的范畴,而且包括不同策略的知识。③学科教学法知识。它是指对一个学科领域主题和问题怎么样组织及教学的理解。它是教师的特殊区域,即教师自己的专业知识和理解的形式,是学科知识和教学法知识的整合,是许多种知识基础的融合。④课程知识。它既指教师层次的课程、教师以上层次的课程,又指教科书的评选以及横向与纵贯课程的知识。课程知识更应包括课程目标的确定、课程内容的选择和组织、课程实施、课程评价和课程管理等一系列活动。⑤学生的知识。这部分知识由学生的经验或社会知识和学生的认知知识组成。学生的经验或社会知识是指特定年龄段儿童所共有的、在课堂和学校里表现出的他们的兴趣、情境因素如何影响学习和行为的,以及儿童与教师有关的本质等。学生的认知知识由两部分组成:一是有关儿童发展的理论知识;二是特定学生群体的知识,它源于与这些学生的正常联系,包括各年级学生身心发展的特征,各年级学生学习、认知及思考方式,指导学生如何学习的知识,学生个别差异及关于班级中特殊儿童学习的知识等。根据认知中介的观点,把学作为认知中介概念,学生被认为是构建自己知识的主动解决问题者,而教师被视为要负起激励学生认知过程的责任者。学生通过自己已有知识的链接,在经验基础上加以组织。⑥教师自身知识。教师的自我意识与个人专业的链接,自我知识对于在更高的层次上反省是必不可少的,教学是一门专业,自我对专业而言是一个关键的因素,要求自我投身其中,而且在评价和反省中发挥重要的作用。因此,自我知识是一个重要的知识基础。⑦教育情境知识。这是最广泛意义上的知识,学习所发生的所有环境以及较广泛的社区和社会教育环境、教育情境对教学都会产生重大的影响,有许多情境因素影响着教师的发展和课堂活动。⑧教育目的及价值。教学是一个有目的的活动,教师不仅有一节课或单元的短期目标,还有长期的教育目的。需要掌握教育史、哲学及法律的知识。

第二节　教师学习理论

　　教师学习是一个涵盖性的术语,它主要针对在职教师而言,既包括学习的内容和领域,又包括学习的途径和方法;既包括学习的过程,又包括学习之后教师专业知识和能力变化的结果,以及观念和态度的变化;并且尤其强调教师自身主动性和能动性的发挥,意识到专业发展的需要而进行的自我更新,而不是随着年龄的增长自然而然地发生。因此,不能说教师阅读报纸杂志就是学习,而是要看阅读的内容是否对教师教学知识与技能的改变产生了作用;不能说教师在授课就不是学习,因为对自身教学行为的反思同样是一种学习的方式;也不能说教师接受了培训就是完成了学习,教师学习必须是一个主动参与和自我更新的过程。

　　教育改革和教师教育与学习的关系十分密切。一方面,教育改革和教师教育有力地推动着教师的学习;另一方面,教师学习的效果也在一定程度上影响着教育改革和教师教育。建构主义学习观把教师学习置于复杂的现实背景之下,既加深了对教师学习本身的认识,也促使我们重新审视教育改革和教师教育在促进教师学习方面的决策和措施。

　　尽管建构主义流派纷呈,不同流派对具体的学习主张也存在很多差异,但在基本观点上仍具有相当的一致性。建构主义学习理论认为,学习是一个意义建构的过程,事物信息要被人理解,这依赖个体原有的知识经验,学习者通过新旧经验的相互作用来形成、丰富和调整自己的经验结构。教学也是从学生原有的经验出发,引导建构起新的经验的过程。建构主义学习理论强调,学习者可以利用自己现有的知识经验积极建构新的知识,其核心是:学习是一个建构的过程,学习者依据原有的经验,以自己的方式,主动建构心理表征的过程。建构主义学习理论把"情境""协作""会话"和"意义建构"作为学习环境中的四大要素或四大属性。建构主义学习观包括:学习者以自己的方式主动学习;学习者的建构依赖新旧经验的相互作用;社会互动可以促进意义建构的多元化;情境是经验建构的土壤。

一、学习者以自己的方式主动学习

　　相对于"传授、接受"为"教学"的隐喻,建构主义学习观更强调学生学习的自我建构性。建构主义先驱皮亚杰提出,在学生学习过程中涉及两个基本过程:"同化"与"顺应"。当学生试图将新的信息纳入自身已有的图式之中时,即发生了"同化";当学生无法将新的信息同化于已有的图式之中时,学生就会创造一种新的图式来组织这些信息,学生的这两个过程都是在原有经验上解释、建构现实。在学习的过程中自身与外界环境相互作用,基于个体的认知结构和经验并赋予这个世界以何种意义是由群众和个人决定的,而不仅仅是由单纯外部自然决定的。在接收外部信息时,学生必然是在原有的认知基础和认知方式上进行自我建构的,所以才会形成不同的世界观和认识观。

二、学习者的建构依赖新旧经验的相互作用

建构主义学习观认为,学习是学生在个体经验基础上建构的。学生在接收新的外界信息时,已经有一定的经验和知识结构,当问题呈现时,他们会基于自己相关的经验,依靠已有的认知结构做出某种他们认为是合理的解释,即知识是由认知主体通过新旧经验的互动来积极主动建构的。因而建构主义者断言,离开学习者的经验来谈"建构"是毫无意义的。学习者不是空着脑袋进行学习的,知识的获取是以原有的经验为生长点,学生建构知识的过程是自身对已有经验的改造和重组。

三、社会互动可以促进意义建构的多元化

建构主义提出,世界的意义依存于个体的建构,每个个体的成长经历、学习环境,以及认知结构都不同,对于外部世界的作用,其内在的解释也就相异了。人们在不同的主观框架下获得对活动意义的相异解释。然而,作为群体生活的人类,社会意识又往往影响着个体的意识形态,所以个人知识的形成就不仅仅取决于与客观世界的作用,还取决于与社会的互动。因此,在社会互动的背景下,学习者表达自己的意识,接受别人的思想,互相学习,形成个性化、多元化的事物解释。协作发生在学习过程的始终,包括与教师的协作、与同学的协作等。协作对学习资料的搜集与分析、假设的提出与验证、学习成果的评价直至意义的最终建构均有重要作用。

四、情境是经验建构的土壤

传统的教学对学习基本持"去情境"的观点,认为概括性的知识学习可以独立于现场情境进行,而学习的结果可以自然地迁移到真实的情境中去。建构主义者则强调学习的情境性,认为创设情境是学习者实现意义建构的必要前提,是教学设计的最重要的内容之一。建构主义者从知识与认知过程的不可分性的认识论前提,以及促进知识迁移的目标出发,强调"学生学习的关键是发生在有意义的情境脉络之中"。学习的结果是个人的和特殊知识情境相关的。强调应重视个体或群体基于真实情境中的知识的考证或研究性的学习。

五、以案例为支撑的情境学习理论

基于建构主义学习观,学习不是获得某种认知符号,而是参与到真实情境中的活动。建构主义学家斯皮罗在 1991 年提出,学习应当分为初级学习和高级学习两种,而传统的教育及培训恰恰是把二者混为一谈,把可以脱离经验的、简单化的和结构良好的知识学习视为唯一的途径。初级学习是一些定义完善的、以语言符号编码的学习,它对学习的要求可以停留在复述和再现的水平,因为通过大量的练习和反馈可以达到熟练的目的。但是对于那些浩瀚如大海的、复杂的、结构不良的和需要能够将新知识灵活地迁移到新的情境中去的高级学习而言,原来单一的语言解释和机械的训练往往显得苍白无力。因此,斯皮罗认为,对于高级学习而言,无论是学校教育还是教师培训,因为不同的意图,必须在不同的时间,用不同的方法创设情境,从不同的角度来多次访问和认识同样的资料。教师的学习属于高级学习,如对某一课程理念的理解、对新型学习方式的认识等问题的学习,带有非常鲜明的个体主义思维特征,不同的人可以结合自身的不同经验,予以不同程度和角度的理解,并最终形成不同的教育观念和教学行为。特别是针对具有一定教学实践经验的教师培训而言,这一特征显得尤为明显。已有的师资培训经验告诉我们,教师的有效学习不是纯概念的识记和新理论的接受,而是在生动、鲜活的案例背景下的情境学习,正是生动而鲜活的案例架起了专家理论话语系统和教师实践系统之间的桥梁。

这就要求教师培训要尽可能地结合学校及教师自身的实际,创设各种情境,以案例的形式引导教师的学习。

六、以群体为基础的教师合作学习理论

在社会建构主义看来,"学习就是知识的社会协商",学习的过程也就是一种合作和交往的过程。苏联心理学家维果茨基(Vygotsky)认为,人类的学习是在人与人之间的交往过程中进行的,是一种社会活动。首先是作为社会合作的活动出现,其次才是个体内部进行的思维活动。学习的本质就是人与人之间的交往,是他人思想和自我见解之间的对话,人们片面地强调知识是对现实世界准确而客观的反映,以及学习是学习者个体内部心理加工的过程,所以得出学习完全是个人行为的狭隘结论。

教师的合作群体作为一个职能共同体,不同的教师之间的知识结构、智慧水平、思维方式和认知风格等诸多方面都存在差异。即使是任教同一学科的教师,在教学内容的处理、教学方法的选择和教学情境的创设等许多方面也可以说是尽显个人风采。这是因为每一位教师都是以自己的经验背景来建构对事物的理解,所以理解到的只是事物的不同方面,不存在某个人对事物唯一正确的理解。正是在这个意义上,每一位教师都要超越自己的理解,看到别人与自己的不同理解和别人看到的事物的另外的方面,从而形成更为丰富和更接近事物全貌的见解。于是,每一位教师的差异就是教学资源。

有研究者将教师基于群体的合作学习概括为以下三种类型:指导型的合作学习,校外专家、教研员、学科带头人对教师的指导;表现型的合作学习,公开课、教学成果展示、专题讨论、课题研究等;就教师培训而言,学习共同体就是在教师培训中渗透学习共同体的理念,以学校为基础组建的旨在促进教师间互相学习、共同实践和共同成长的学习型组织。以校

为本的学习共同体,不只局限于学校这个小圈子、小空间里,而是以制度化的方式督促建立一个以学校为圆心、以不定长为半径的一个大圆、一个网络、一个立体的互动环境。学习共同体可以有多种存在形态,它可以是现实的,比如以教研组为核心的学习型组织,也可以是虚拟的,建立在网络资源基础上的学习型团队,也可以是人机交互的;可以是大型的,也可以是小型的;可以是基于问题解决的,也可以是基于学科背景的,还可以是基于课题研究的。

总之,学习共同体并不拘泥于形式,更注重实效。但这并不意味着学习共同体是松散的、无组织的,恰恰相反,它需要有一定的规划和制度保障。就校本培训而言,针对不同的教师学习共同体,怎么进行规划并提供制度保障是研究者需要进一步思考的问题。下面列举几个教师群体合作学习的方式。

(一)教学沙龙

教学沙龙是校本培训的一种形式,围绕着一两个教学问题,大家畅所欲言,进行"头脑风暴"式的交流,这样可以调动参与者的积极性,激活每个人的思维,每个教师都能获得单独学习所学不到的东西。

(二)博客群

博客群是基于网络的虚拟环境利用博客构成具有共同学习任务的学习团体。他们彼此之间经常在学习过程中进行沟通、交流,分享各种学习资源,共同完成一定的学习任务,因而在成员之间形成了相互影响、相互促进的人际联系。这种交流不仅可以同步进行,还可以异步进行,交流的方式可以是个体与个体的交流,如网上教学日记交流,可以起到相互交流教学经验的作用,教师可以借鉴他人的教学日记来改进自己的教学实践。网络环境下的教师学习沟通使教师自主学习与合作研究完全脱离了传统教师教研的时间和空间约束,使交流可以随时随地发生,解决了工作与学习的相互矛盾问题。

(三)教学伙伴

教学伙伴是指教师为了完成教学目标而建立起的互教互学的组织结

构,体现为一种集体协作。教学伙伴当中不同教师可以面对同一教材,进行不同设计构想,然后施教,大家在比较中相互学习,扬长避短,共同提高;也可以由一教师设计教学方案,先进行施教,课后进行反思,然后同伴帮助,再进行教学反思,修改教学方案进行施教。教学伙伴体现为教师作为研究者相互之间的合作,是靠团队的力量来从事研究活动,最终达到研究的目的。

(四)课题组

研究同一课题的成员组建成学习的共同体,通过课题研究实现组内成员的有效连接。参与不同科研课题研究的教师,在研究的过程中共同承担研究任务,发扬团队合作精神,群策群力,使教师在行动中研究,在研究中成长,在互动合作中发展。

(五)读书会

读书会是一群人针对同一客观材料,学习、讨论和分享的学习型组织。读书活动在网络化时代对培养教师人文精神和科学精神具有重要的作用。读书会定期布置学习任务,并组织开展读书活动,通过团队学习把教师个人学习行动变成教师共同进步的动力。读书会由四个部分组成:个人阅读、写读书笔记、小组讨论和主题发言。读书会聘请专家做教师理论学习的指导并参加信息交流活动,会员确定理论学习的重点,带着问题开展读书活动,认真分析本学科教学中的问题,将无法解决的问题带到小组讨论中,养成以自身和集体智慧寻求最科学、最有效和最完善的方法去解决问题的习惯与能力。教师在个人反省和集体反思的过程中,可以发现个人及他人的优缺点,从而拓宽专业视野,激发学习兴趣。

七、促进教师学习的环境设置理论

近年来,深受建构主义和社会文化发展理论影响的情境学习论被引入教师教育和专业发展领域。该理论将学习定义为"实践共同体的参与",它是一个由共同目标驱动的、以工具为中介的、有群体合作与分工的活动系统。从这种学习观点出发,促进教师学习就是创设有上述特征的教师学习环境或条件。近年来,此类研究开始形成趋势,出现了各种形式的教师学习组织,如定期活动的讨论小组、读书俱乐部、基于网络的笔谈或者辩论、合作实践探究等,其共同特征是为教师提供基于实践的认知共享机会。研究者有目的、有意识地应用理论设置教师学习的环境,并验证其对教师发展的作用。

多数研究从以下几个方面创设有利于教师学习的元素:

(1)置学习于情境中,围绕教学实践问题展开。

(2)基于教师的原有知识,促进概念转变。

(3)倡导教师做研究,在实践探究中反思。

(4)创设对话与合作机会,促进共享理解。

(5)体现研究者对教师学习的协作促进作用。

(6)利用工具,特别是网络资源促进教师学习。

以上这六个有利于教师学习的元素都是从建构主义学习理论的角度来考虑的。这些元素的提出,为在环境设置方面采取措施促进教师的学习提供了参考。

八、情境—协作—会话—意义建构教师学习理论

建构主义对学习四要素(即情境、协作、会话、意义)建构的主张,有助于传统教师学习模式的改变。事实上,无论教师还是教师培训,都需要针对解决问题来进行。就教师培训而言,学习者从未来职业需求出发,需要获取对教师专业角色的认知,因此也就需要以"教师"的身份(而非"学生"的身份)进入真实有效的教学情境,获取对教学的意义建构;就体育教师培训而言,由于学习者已经具备了一定的专业知识、技能和教学实践经验,因此他们自身的经验就可以被开发为培训课程。通过学习者相互的探究与对话,更新旧的认知结构,建构新的意义。为此,在教师学习中有必要引入建构主义学习四要素,使教师的学习方法有新的拓展。

(一)真实情境:教师学习的有效方式

区别于中小学情境教学中的"情境",在教师学习中进行情境教学,不

是要培训者通过场景、音效和语言等为学习者提供模仿的"情境",而是通过对真实教学中可能出现或遇到的问题,进行有的放矢的分析和解决。对真实情境中的教学案例进行分析,不仅有助于学习者较快地进入教师的职业角色,而且可以较为顺利地实现知识的迁移,将所学的概念、原理、技能与解决实际问题联系起来。在教师培训中,由于学习者不仅具有丰富的教学实践经验,同样也在实践中遇到诸多的挫折和困境,真实情境中的学习就更具有现实意义,借鉴建构主义常用的手段,我们可以通过以下三种方式为学习者提供相应的"情境"。

1. 教学录像

教学录像的方法适用于任何阶段的教师教育。所选择的教学录像应具有典型性或概念化,即教学录像不一定是完美的、成功的教学案例,也可能在录像中暴露了许多人经常犯的错误却不自知。通过分析录像中的教学行为,提升自身的认识。培训者可以根据学习主题,选择相应的教学录像,并引导学习者针对录像中的精华、问题以及问题的解决等方面进行分析和讨论。

2. 提供真实的教学案例

如受教学条件所限,也可以选择一些真实的教学案例,这种案例的选择同样具有典型性。案例通常由教师搜集和提供,但也可以引导学习者(特别是对于教师培训来说)根据所选的主题自行收集和呈现,比如,一些来自他们各自教学实践中的经验或问题等。

3. 学习者自行设计教学

还有一些主题,可以让学习者通过自行设计教学方案来实践所学的原理或技能,或者通过这种方式呈现出真实的问题。

(二)合作与交流:教师学习的基本途径

在真实的情境中学习,是通过合作学习来实现的。在团队的合作学习中,学习者针对典型性的案例或案例中呈现的问题分析和交流,然后可以在合作过程中分享各自的执教经验与体会。通过这种合作与对话的方式,不但可以实现信息共享,而且也有利于学习者在思维认同和冲突中巩固或重建自己的认知结构。此外,教师的合作学习,还可以很好地满足教师的社会情感需求,因此,美国学者提出,应在学校生活或教师培训中建立所谓的"教师学习共同体",甚至有的学者认为,是否具有某种形式的教师团体,是确定教师职业是否实现专业化的重要标志之一。由此可见团队文化、学习组织对于教师职业成长的意义。建立教师学习共同体的方式有很多,比如,培训课堂上的团队合作、网络学习平台等。

(三)自我建构:教师学习的理想与归宿

情境、合作和交流的最终目的是要指向学习者对意义的自我建构。教师培训的对象是具有一定专业知识储备和教学经验积累的成年学习者,在培训中他们具有强大的主观能动性,对培训内容有主动的需求,对所有接收的信息有自主整合的能力,在培训前,原有的经验会对培训过程产生"投射"等,所有这些特征都使得教师学习带有自觉或不自觉的"自我中心"倾向,这也使得教师学习实现"自我建构"成为可能。从这个角度来说,对教师的培训可以适度采取"以学习者为中心"的模式,依据学习者的经验、需求和心理特征来设计培训过程。同时,在培训过程中要给教师学习者独立思考和实践的机会,为他们的自我建构创造条件。

情境—协作—会话—意义建构教师学习理论描述了教师学习的一个完整过程,对改进当前的教师培训工作有一定的启发意义。

第三节　教师反思理论

最早将反思引入教学领域的是美国哲学家、教育学家杜威。杜威在其著作《我们怎样思维》中认为,反思是"对任何信念或假定的知识形式,根据支持它的基础和它趋于达到的进一步结论而进行的积极的、坚持不懈的和仔细的考虑"。同时,在对反思的心理过程和逻辑形式进行研究的基础上,他提出了反思性思维的六个阶段和相应的教学过程的六个阶段(教学六步)理论。

杜威认为,反思性思维具有以下特点:①反思性思维是有着意识和受控制的;②反思性思维是连续性的;③反思性思维是有着严密逻辑的;④反思性思维是有激励作用的。我们尤其要注意的是,杜威指出,开发反思性教学意味着对某种情境或人做出积极反应的习得的意向。这些意向中最重要的是虚心的态度、富有责任感和全心全意投入。也就是说,杜威认为要成为具有反思能力的教师应具备三种心态:谦虚的态度、富有责任感和全心全意投入。

一、教师反思理论的发展

虽然杜威最先提出将反思应用于教育领域,但人们对教师反思的关注却始于学者唐纳德·舍恩。他在《反映的实践者:专业工作者在行动中如何思考》中系统阐述了"反思性实践"和"反思性行动"。在此书中,舍恩认为,反思性教学是教师从自己的教学经验中学习的过程,反思性教学的问世是对教学改革简单地贴上成功或失败标签的超越。后来,教师反思理论在全世界教师教育领域的影响不断扩大。

舍恩认为,反思是指专业工作者在工作过程中能够建构或重新建构遇到的问题,并在问题背景下进一步探究问题,因为"问题不会像礼物一样主动呈现给实践者,它们必须从复杂、疑惑和不确定性的问题情境中建构出来",然后再找出解释或解决问题的方法。他把"反思"与"行动"结合了起来,在此过程中,"关注"是问题建构或重新建构的一个关键因素,关注的内容既包括对周围所发生的一切的关注,也包括对自己内心的关注。

舍恩的著述引发了人们对教师反思性质的激烈争论,在世界范围内受到了人们的批评和质疑。虽然舍恩的思想引起了人们的激烈争论,但同时他使越来越多的学者和教育工作者倾向于认为应当将"反思"视为教学工作的本质特征,从根本上使教师反思理论研究逾越了理论与实践的鸿沟。

二、教师反思理论的成熟

20世纪80年代发轫于北美大陆教育界的教师反思运动,经过20多年的发展,目前已经形成一股强大的国际潮流,得到世界各国教育界的广泛认可。尽管在理解和实施上还有很多分歧和争议,但"反思"已受到人们的认同,这是一个不争的事实。

1999年华东师范大学教育科学学院熊川武教授《反思性教学》的出版,开创了以专著的形式探讨反思性教学的先河。随后,伴随着新课程改革的提出和实施,我国教育学术界也开始对"反思""反思性教学""反思型教师"和"反思型教师教育"展开了讨论。目前,有关反思的理论和实践在我国越来越受重视,大量反思性教学主题文章的刊发说明国内外学者对教师反思的重视,同时也说明教师反思理论在中小学教学领域的运用能够对教师的发展起到一定的促进作用。反思被认为是取得实际教学效果并使教师的教学参与更为主动、专业发展更为积极的手段和工具之一;反思性教学也成为衡量优秀教师的标准;反思型教师被认为是理想的教师,是教师终生奋斗的目标。

三、教师反思理论的基础

反思思潮的兴起有着自身独特的思想渊源及原因,它从哲学、心理学和知识观等理论思想流派里汲取了丰富的营养,奠定了良好的理论基础。

(一)哲学基础

20世纪80年代以后,一些具有反思性质的理论,尤其是后现代主义中的批判理论和现象学研究用于教育实践,激发了教师对自己的教学行为进行反思,促进了教师对自己行为原因与结果的意识的重要性的大量思考。

后现代主义是反思思潮的一个重要理论基础。后现代主义是20世纪50年代以来兴起的传播于西方国家的一种文化思潮,是在现代性反思、批判、解构和建构的基础上形成的文化思潮,是目前西方国家最为流行的一种文化哲学。后现代主义是一个庞大的思想流派,海德格尔是其理论先驱,其核心人物有德里达、福柯、利奥塔等。从哲学角度来看,分析哲学(后期维特根斯坦的分析哲学)、新解释学、解构哲学、法兰克福学派

(第二代)的批判理论和女性主义代表了后现代主义哲学。但这些学派本身非常复杂,不仅各种后现代主义学派在同一问题上可能有不同的看法,而且在同一后现代主义学派内部,也存在对同一问题有着截然相反的看法的情况。从本质上来说,后现代主义是对现代性的质疑、反思、批判和超越;反思和批判是后现代主义最基本的品质,文化性、境域性和价值性等是其主要特征。

1.批判理论

属于后现代主义的第二代批判理论对教育领域产生了极为深刻的影响。批判理论是由法兰克福学派创立,该学派的主要代表人物有霍克海默、阿多诺、马尔库塞以及哈贝马斯等。学者们通常将它分为两代,也称批判理论的左右翼。第一代批判理论主要以"科技(工具)理性"批判为主,代表人物为霍克海默、阿多诺和马尔库塞,他们属于批判理论的左翼。作为批判理论的左翼的思想家们都主张进行"意识革命",唤醒人们的批判意识,使人从"科技(工具)理性"中"解放"出来。第二代批判理论代表人物哈贝马斯继承、发展了第一代批判理论的精神,他建立的认识类型、交往理论和合法性危机对教育教学影响深远,使批判理论有力地促进了反思向纵深发展。

哈贝马斯、卡尔与凯米斯提出了反思的三个层次的观点。第一个层次是技术层次,反思的问题在于有效实现既定目标。第二个层次是实践层次,反思的问题包括假说、倾向、价值观以及由行为组成的结果。第三个层次是批判或解放的层次,反思的问题包括伦理的、社会的和政治的问题,关键是组织与社会可能压抑个人行动自由和限制他们行为的权利。批判理论的反思层次观还为教师反思力的培养提供了范式。批判理论主要在以下三个方面为教师的反思提供了理论根据:一是伦理学基础与教学互动的规范;二是教学与民主的关系;三是教学与知识的状态和文化体制。

随着批判理论以及后现代主义哲学的兴起,批判理论的思想家哈贝马斯对反思的研究提供了深厚的哲学支持。哈贝马斯认为,现实的社会情境都是对理想状态下的社会规则的扭曲。从对这种扭曲的批判开始，社会个体产生了清醒的自我意识，主张采取"意识革命"，唤醒人们的批判意识，以使人性从"科技（工具）理性"中"解放"出来，它是社会个体自由和自我决策的前提。后现代主义理论中的"理解"的学说、"解构"的学说和"主体"的学说等打破了权威理论对人们的束缚，使人们能够积极反思和研究自身，对教师的反思有深刻的影响。

2.现象学

反思这一概念在现象学研究中也占有重要地位。现象学中的"反思"给我们对"反思"的理解注入了一股新鲜的血液，现象学研究被看作是一种周全反思的积极实践。反思研究的目的是解释现象的意义。现象学研究的实践转向为打破主客二元分立的传统带来一缕希望的曙光，同时也为理论与实践搭起了沟通的桥梁。

在许多现象学家的著作中，反思被描述为一种对事物的关注，一种对人性的倾听。总而言之，周全的反思是对生命、生活和生存意义的探寻。胡塞尔等人的现象学运动以"回到事情本身"为口号，而法国哲学家梅格·庞蒂对反思的理解则更明显具有现象学的韵味，他曾形象地对反思加以描述：反思不是从世界走向意识的综合体，并把它作为世界的基础；它是回过头来注视那些出类拔萃的形式与外观，它们就像从烈火中飞溅出来的火花一样在高空中飞扬；它放松了把我们与世界联系在一起的有意向的绳索，并把它们引入我们注意的视线之中。马克斯·范梅南也提出，"现象学反思的目的在于获取事物的本真意思"。

教师面对的是丰富、生动、动态的教育情境，这样的情境通常不允许教师停顿下来进行反思，分析情况，仔细考虑各种可能的选择，决定最佳的行动方案，然后付诸行动。教师要在不断变化的情境中不断地采取行动，必须具有灵活的应变能力。"在我们与孩子们的教育生活中，我们以一种下意识的方式主动地立刻参与，只是到后来才进行真正的反思。当我们在一种情境中遇到一个孩子需要我们采取行动时，通常的经验是在我们真正知道了我们做了什么之前我们就已经行动了。"也就是说，在教育情境中,教师和学生之间具体经历中的行动可能并不是反思性的(从一个缜密反思的决策的意义上说不是),但是这种行动应该是全身心地投入,它获益于反思。

可见,实践智慧是教师在教学实践中创造性反思的结果,教师在这一实践中获得的不但是知识经验的增加,而且也体会到了创造的乐趣和职业的价值。当我们这样反思教育、反思教师的时候,教师这个职业的实践性质不言自明。

(二)心理学基础

20世纪以来,学者们普遍将教学研究的发展轨迹描述为,从行为主义心理学到认知主义心理学,再到建构主义心理学。

1. 行为主义

自华生发表的《行为主义心目中的心理学》这一论文宣告了行为主义心理学的诞生之后,截至20世纪60年代末,行为主义心理学以"刺激—反应"为主要特征,强调应该对行为而不是意识的内容进行分析研究,心理学必须抛弃一切关于意识的考虑,它可以根据刺激和反应,根据习惯形成和习惯整合等来进行表述。对教学的研究也主要立足于行为主义立场,根据行为的后果来描述教学,然后考察这一行为与儿童学习的关系。随着时间的推移和理论与实践的积累,人们越来越对这种行为主义研究的狭隘性不满。

2. 认知主义

认知主义心理学形成于20世纪60年代,它直接的理论来源是格式塔学派。布鲁纳的认知结构学习理论、奥苏贝尔的认知结构同化学习理论和建构主义学习理论等构成了认知主义心理学的主导地位,为反思思潮的兴起奠定了良好的心理学基础。

认知主义心理学体现了从行为主义明显转向认识智力生活的复杂性和个体性。认知主义心理学认为,心理学的目的在于说明人类如何加工信息,提示人的认知过程和因素,涉及复杂的知觉、记忆、语言和思维过程,特别注重于人类学习和解决问题的信息处理方面的研究。所以,认知主义心理学研究基于每个人都是能够以各自独特的方式建构并适应自己的现实这一观点和立场,注重的是思维及思维影响行为和方式,而不是对行为本身的观察。认知心理学家力图描述和解释复杂的行为活动之下的心理或心理作用,他们对思想和行为之间的复杂关系较为关注。认知心理学家用元认知这个术语代替了反思这个概念。元认知是人们关于自身认识过程、结果或与他们有关的一切事物,如与信息或材料有关的学习特征的认知。它包括元认知知识、元认知体验和元认知调控三个因素,三者相互联系、彼此作用。元认知理论的形成,深化并拓展了反思的观念,不仅使反思的内涵与步骤等更清晰、更易理解与把握,而且使反思由昔日单纯的心理现象变成一种实践行为,直接在实践过程中发挥作用。反映在教学上,认知主义心理学更为关注教师如何理解他们的工作以及其工作所牵涉的思维过程、判断和决定。也就是说,教学研究越来越多地关心教师的思维与行为的复杂关系。

3.建构主义

建构主义理论是在皮亚杰的发生认识论和维果茨基的社会建构理论基础上发展起来的。建构主义融汇了认知心理学、哲学和人类学理论的最新成果。显然,建构主义本质上不是也不可能是一种教育学理论或方法。

建构主义的先导当数皮亚杰。他认为,知识既非来自主体,也非来自客体,而是在主体和客体之间相互作用过程中建构起来的。一方面,新经验要获得意义需要以原来的经验为基础;另一方面,新经验的进入又会使原有的经验发生一定的改变,使它得到丰富、调整或改造,这就是双向的建构过程。维果茨基则强调,个体的学习是在一定的历史、社会文化背景下进行的,社会可以对个体的学习发展起到重要的支持和促进作用。虽然建构主义在近年来的教育学文献中得到了广泛的关注,但是目前对这个概念还没有清晰的定义或共识。建构主义者共同认为,知识是暂时性的、发展性的,是通过文化和社会的中介来传播的,因此是非客观的。用这种观点来看,学习就是一个自我调节的过程,通过这个过程,在具体经验、合作对话和反思的过程中显露出来的内在认识冲突得以解决。

从行为主义心理学到认知主义心理学,再到建构主义心理学的这种转换,为深入研究和阐述教师的思维及反思的观念提供了充足的心理学基础,并且促使反思由昔日单纯的心理现象变成一种实践行为,直接在实践过程中发挥作用,这一切无疑为反思思潮的兴起奠定了良好的心理学基础。

四、关于教师反思方法理论

培养教师反思能力的途径有多种:可以采取教师个体独自反思,也可以形成反思实践共同体,还可以将教师个体反思与群体反思这两种方式配合使用。目前,教师反思的具体方法主要有写作反思日记、进行反思对话、实施微格教学、创建档案袋以及开展行动研究等。

(一)写作反思日记

目前,教师反思运用最普遍的方法是写作反思日记。众多的研究表明,这种独立的个体反思方法是促进教师反思能力提高的一种有效方式。反思日记是指教师认真思考、分析和总结自己一天或一节课的教育教学活动,并作出书面的记录,及时写下自己的体会和感受。这是教师课堂教学自我反馈的一种形式,教师可以将自己教学中成功的做法、失败之处、自己的困惑、学生的问题和学生的见解等反映在日记上,也可以给自己提出一些问题,并制定出解决问题的计划和发展目标。

事实上,反思日记是一种教师与自己进行对话的方式,写日记的过程也是教师对教学反思的过程,通过日记的撰写与分析,激发自己进行批判的自我反思。写作反思日记有如下几方面的优点:一是有助于改革教育方法,提高课堂教学质量;二是有助于不断提高教师素质,反思、总结的过程就是一个自身素质不断提高的过程;三是有助于教师科研意识、教研能力的提高,反思总结、积累材料为教学科研奠定了基础。彼得森在利用反思日记提高教师反思能力的研究中提出,有四个因素影响反思能力的发展:个人反思的发展水平;个人对指导教师的信任度;对反思性日记所给予的期望;反馈的数量与质量。

需要注意的是,在反思日记中,教师要写出自己的真情实感,以保证自我教育的实效性。另外,教师可以经常性地回顾自己的反思日记,评价自己最近一段时间的进步状况,对自己的思想和行为变化进行深入的思考,以促进自己的专业发展。可以说,反思日记有利于分析、认识、改变和超越自我,是一种促进自己专业发展的强有力的工具。

(二)进行反思对话

反思对话是通过与其他教师研讨交流的方式来进行反思,类似于我们平常采用的专题性的小型研讨会。研讨的主题可以是交流教育教学经验,也可以从不同的角度分析教学中的重点和难点,还可以分析讨论如何解决教育教学中普遍存在的问题。反思对话追求的是多样见解的共享和共识,是一种教师集体进行教学反思的重要方式。

在教学中,多交流对话有利于及时地反思,及时地解决问题。一方面,注意加强与搭班老师的交流。这种形式的交流及时且真实,能结合班级实际,共同寻找出较合适的教育方法,较好地解决教学改革中存在的问题。另一方面,要多参与学校内及学校外的教研活动。这种群体式的交流反思,目的性、针对性较强,能集中发现实际教学中存在的问题,更快地商讨出解决办法,从而提高自己发现问题、分析问题和解决问题的能力。

事实上,同事、同行对教师个人的专业成长有着重要影响,同事的思想和良好的建议也会成为教师专业发展的重要资源。如果教师是生活在一种合作的文化氛围中,开放性的对话和讨论会使每位教师的思想得到启迪,教学行为得以改善。因此,学校要特别注意营造一种良好的对话情境,以支持、促进教师的专业发展。

(三)实施微格教学

微格教学又称"微型教学""微观教学""小型教学"等,是培训师范生和在职教师教育教学技能的方法。微格教学通常是指运用技术手段将教师教学的真实情况录制下来,然后让教师以旁观者的身份再观摩自己教学片段的录像带,在专家或他人的帮助下发现自己的不足。

这种反思方法能起到"旁观者清"的效果。微格教学能使教师重新听到和看到自己在教学中的行为具有哪些明显特点,还可以与其他人对课上师生活动中反映出来的成功和失败之处进行对话交流,共同探讨。教师如若发现自己在教学中的不足,还可以选择性地重点观看,反复播放,以分析、评价和反思自己的教学行为,并通过反复训练纠正不良行为。

这种立足于教师教学行为的研究方法有助于教师发展自我评估能力和观察能力,改变自己在教学中的行为,增强教学的针对性,不失为提高教师教学水平的良好方式。

(四)创建档案袋

档案袋又称为卷宗,包含着许多专题形式的档案,其在教育领域中的应用一般有两种形式:一种是对学生的管理,用于对学生进行评价;另一种是用于对教师评价的"教师档案袋",是描述教师职业生涯中专业发展的有效工具。教师可以建立自我成长档案袋,即档案袋的写作、整理和阅读的主体都是教师本人,是教师私有的文件夹。

档案袋主要记录一个教师专业发展的历程,在运用这种方法时,教师首先要根据自己的教学实际确定反思的专题,并进行分类;其次在每个专题下,由教师本人记录、积累自己的实践过程、经验得失、优秀教案、获奖论文和课题阶段性总结等方面的情况,并对其进行反思。可以说,档案袋可以代表教师个人在某一领域或某一专题内研究发展的历史、现状与未来趋势。档案袋建立的过程是教师对已有经验进行整理和系统化的过程,是对自己专业成长积累的过程,也是教师自我评估、自我教育的过程。

反思贯穿于教师管理档案袋开发的始终,教师档案袋被看成一种结构良好的反思教学实践的工具:其一是基于反思的档案袋材料选择,即档案袋中的内容是以反思结果的状态存在,反思是收集、选择和组织材料的基础;其二是对档案袋中的内容的反思,通过反思帮助教师认识隐含于其中的教育智慧,并在随后的实践中不断增长教育智慧;其三是教师之间通过交换阅读档案袋,进行合作反思、专业对话和经验分享,有利于互相借鉴,拓展教师的实践性学识和专业视野,取长补短,对照他人的教育智慧反思自己的教学行为,形成适合教师个体和教育情境的教学技能。

(五)开展行动研究

关于行动研究的概念,杜威早在 20 世纪 20 年代就已有论述,而行动研究作为一个术语则产生于 30 年代的美国。行动研究方法强调的是由实践者个人或小组在实际情境中进行的以解决问题为目的的研究,并将研究结果在同一情境中进行应用。到 20 世纪 70 年代之后,行动研究进入了一个新的发展阶段,已经成为一场声势浩大的国际性运动。目前,行动研究已经成为教师教育中的特定概念,教育行动研究是教育科学研究的一种重要方法。

教育行动研究是为了解决教学实践中某个难以解决的问题,教师或独自进行,或与教育理论工作者合作,运用观察、谈话、测验、调查问卷和查阅文献等多种手段,以求得问题解决的一种教育科学研究方式。在目的上,"行动研究意在帮助实践者省察自己的教育理论与其日常教育实践之间的联系;意在将研究行为整合进教育背景,以使研究能够在改进实践中起到直接而迅捷的作用,并且力图通过帮助实践者成为研究者,克服研究者与实践者之间的距离"。具体而言,行动研究的特征可概括为三句话:为行动而研究,即为解决教学中的问题而进行的研究;在行动中研究,即在教学活动中进行的研究;由行动者来研究,即教师自己应是一个研究者。行动研究运动的贡献在于,它使越来越多的教育工作者接受了哈贝马斯的观点:科学概括出来的知识,并不能直接驱使社会实践,还必须有一个"启蒙过程",以使特定情境中的实践者能够对自己的情境有真正的理解,并做出明智而谨慎的决定。在具体实施过程中,教师行动研究的程序是:在反思自己和他人经验与教训的基础上,确定自己所要研究的问题;围绕所要研究的问题,广泛地收集与该问题有关的文献资料;在文献资料阅读的基础上提出假设,制定解决该问题的行动方案;根据行动方案展开研究活动,并根据研究的实际需要对研究方案做出必要的调整;收集研究信息,撰写研究报告。

第二章 大数据时代高校教师的 定位转变

第一节 大数据时代高等教育教与学的转变

一、大数据时代的教育变革

当今社会,大数据时代最明显的特征就是大数据应用技术和信息化手段已经成为社会生产力发展的主要推动力。在国民素质教育提升过程中,对于大数据信息处理技术和互联网技术的培养格外重视。国家信息化建设的基础条件就是培养大数据信息化人才。百年大计,教育为本。大数据信息化人才培养的前提是教育信息化改革。目前,高等教育改革的重点就在如何深化大数据信息化教学改革的方式、方法、手段和成果。这也是未来一段时间内高等教育持续发展的必要措施和手段,已经得到了政府和社会各界的高度重视和大力支持。

当大数据信息技术进入到高等教育领域后,对学校的人才培养模式、教育教学理念、教育教学方法、教育教学的内容和具体的活动等多方面都产生了深远的影响,并发生了重大的变化,促进了高等教育改革的深入探索和历史性的变化。当大数据技术在教育领域不断应用的时候,高等教育的形式和学生学习的模式也随之发生了重大的变革,更深刻影响了中国高等教育的理念、思维、内容和方式,最终促进了教育体系内涵式变革。

(一)教学模式民主化改革

在大数据时代,利用现代化信息技术和互联网技术,学生可以非常轻松地得到各个领域各个方面的大量数据信息。学生可以在这些数据信息中了解世界、学习专业知识、思考职业发展等。在这个自主性学习过程中,与传统的课堂教学模式相比,高校教师的参与程度和重视程度都不同程度地降低了。高校教师在学术上的权威性、教学活动中的掌控性都受到了影响。学生更愿意获得尊重和鼓励,更愿意主动地学习自己感兴趣的内容,更愿意从自身特点出发分析和整理学习内容,积极主动思考自己发现的问题。这样的转变充分地体现了教育模式的民主性。所以,在大数据时代高等教育中的教育发生了民主的变化,高校教师也要利用信息来武装自己,顺应教学的改革趋势。

(二)教学技术现代化

在高等教育教学改革的演变过程中,往往是因为在教育活动的现状中出现了问题或者需要人才的得利者对教学对象提出了更高的要求,人们才开始产生教学改革的意愿和具体改革方向。我们很明显地能够看到,在大数据时代中社会的发展和被培养的学生们因为现代化信息技术的影响,而提出了对教学活动的改革需求。能够满足这一需求的方法就是大数据时代的信息技术。对于此,教育学家、教育工作者、学生和社会公众等都无比坚信大数据时代的信息技术能够满足大家对人才培养的新要求、依靠大数据信息技术能够切实实现高等教育改革目标。

在大数据时代的教学改革核心是发展民主式的教学改革,也就是让学生告别传统的被动接受知识的讲授,转而发自内心、积极主动对知识产生获取的需求。大数据信息技术在高等教育活动中的应用和发展,使学生主动的学习和自由的探索创造得以实现。在这个改革创新的过程中,高校教师应该发挥其学术专家的特点,积极尝试现代化信息技术带来的创新的教学模式引导、协助和规范学生的自主学习过程。

在高等教育利用现代化信息技术改革的过程中,我们必须清楚地认识到其变革的根本是高校教学管理者和授课教师的教育理念的改变,是对大数据时代的科技创新、信息创新的观念对教学体系重新梳理和提高的过程。为了使这一教育创新改革得以实现,教师是关键因素。大数据时代的现代化信息技术不会自觉地融合学科教育活动中,不会自动地、科学地、有效地促进教学活动的发展，更不会主动地创造教育教学的奇迹。不论多么行之有效的教学方法，还是多么神奇的科学技术，没有教师的合理运用和创新探索，一切奇迹都不会发生。所以，要创新实践教学改革，必须从教师的教育理念、教学设计、教学实践和教学反馈等多方面进行转变和更新，必须要求高校教师具备大数据时代特点的教学能力。

二、大数据时代的学习变革

在大数据时代，作为高等教育客体的学生也从内而外发生了巨大变化，即学习活动的变革。

（一）大数据时代的大学生可以获得更加丰富的学习资源

现在的大学生已经习惯了信息搜索的方式，就是遇到问题问百度，百度没有答案还有许许多多的网络信息铺天盖地地涌现出来。大数据时代最明显的标志就是互联网将散落各处的信息串联起来，给予我们越来越多的数据信息。在专业建设和学术推广方面，各大高校和数据处理公司做了各种各样的视频形式或音频形式、微课或者慕课等新形式的网络课程，并实现了有效地公开和推广。大数据时代教育资源的丰富和精细化，不仅为当代的大学生们提供了可以根据自己的爱好和兴趣来选择课程自学的平台，还通过加强教学资源的趣味性和针对性来提高大学生学习的效果。

（二）大数据时代的大学生的学习模式更加自由

传统中的高校象牙塔般的学习生活方式，同学们必须根据教师要求达到上课不迟到、不早退，认真听讲，写好笔记等教学标准。在大数据时代的教学发展中，大学生将不再受传统的课堂教学要求约束。得益于互联网的普及和现代化信息技术的发展，形式多样的网络课程层出不穷，教师讲授的课程资源库也可以在课程网站上获取，产生疑问时通过由任课教师与学生们组成的 QQ 群或者微信群直接@老师寻求帮助。在这样的大数据环境中，大学生们可以更加自由地支配学习时间，并获得和以往课堂教学模式同样甚至更好的学习效果。

大数据时代的大学生只要产生了学习的欲望,就可以打破时间和空间的界限,随时随地开始自由的学习活动。这种自由的学习模式将会发展成为未来高等教育教学工作的主流模式。

(三)大数据时代的大学生急需资源选择和鉴别的能力

大数据时代为大学生提供了丰富的、多元的学习资源,大学生也相应地拥有了较强的学习自主性。学生可以在很短的时间内找到自己可能感兴趣的大量学习资源,但会出现无法鉴别其真假,更难以判断其是否为适合自己的学习资源的情况,也会苦恼于学某一领域的具体什么课程和学谁主讲的课程等一系列问题。这种自由的学习模式无形中造成了选择困难,一旦选择不合适的学习资源还会浪费其宝贵的学习时间,或者选择错误的信息资源还会对大学生造成专业理论体系的认识混乱。通过部分课程的网络教学实践,可以看出我们的学生尚处在无法合理、科学规划自由学习时间和内容的阶段。因此,面对大数据时代的自由学习模式,我们的学生必须能够独立思考或者在教师的协助下辨别所获取的信息的真假,以此来促进学习效果。目前,社会还是希望在大数据时代,高校教师依然能够肩负起规范和约束学生利用大数据和互联网来进行学习的行为的责任。

第二节 大数据时代对
高校教师教学能力提出的新要求

当前的高校教师面对大数据时代对教学模式、教学内容、教学方法和综合素质等多方面的变化,其所具备的传统教学能力显然已经不能够应对自如了。换言之,大数据时代高校教师必须具备大数据时代的教学能力。但是,这并不是对传统教学能力的完全抛弃,而是对其进行积极的历史性的继承。传统的教学能力和大数据时代的教学能力的基础都是一样的,都应该在课前对教学对象进行详细的分析、对教学内容进行科学的设计、对教学媒介进行有效的利用、对教学计划进行可操作的设计等。但是,传统的教学能力和大数据时代的教学能力也有不同之处,后者是结合大数据时代背景的特点和新要求而对前者进行不断的革新和发展。高校教师必须积极面对大数据时代背景对自己的教学能力提出的新要求。

面对新时代的变化和发展,高校教师作为科学知识的传承者必须率先发自内心地认同这种改革和变化的重要性,形成"互联网＋"教育的全新教学理念。在此基础上,高校教师才能够积极主动地转变教学思路和教学设计手段。一些人认为"网络技术"和"网络产品"就是破坏课程教学效果的"毒瘤",必须在从教学设计开始的教学活动全过程中剔除所有网络元素,这样的想法很明显是偏颇的、狭隘的。大数据时代的高校教师对待网络和网络技术及其衍生产品应有一个正确客观的认识,树立科学的网络应用观念。网络的确对学生的学习有一定负面影响,但是不能否定信息化教学内容和网络技术对教学改革的促进作用和对课堂教学效率的提升作用。因此,在大数据时代的高等教育活动中,教师应该积极利用互联网技术和现代化信息技术主动地将互联网元素融入教学过程中,实现更符合现代社会要求的高等教育活动。

一、大数据时代对高校教师的教学和内容提出的新要求

所谓的教学模式是指在教学活动过程中,教师在确定教学内容、设计教学过程、选择使用教材等教学活动中所实施的范式。还有部分教育学家认为教学模式是教师在所认可的教学理念和学习理论的指导下,充分利用所处的教学环境和所具备的资源条件,科学地设计教学过程中的各个环节和各个因素之间的稳定关系,合理地组织教学活动流程的基本结构。众所周知,高校教师所设计的教学模式一定对教学质量产生深刻的影响。在大数据时代里,传统的教学模式显然无法符合教学的需要、受教育对象的要求了。因此,大数据时代对高校教师提出了应该改变教学模式的要求,要进行大刀阔斧的改革,要能够适应突破时间和空间限制的交互式学习方式。在新的教学模式中,高校教师必须清醒地认识到学生在

教学活动中的主体位置,必须要求学生积极参与到整个教学活动和线上或线下的研讨中。相信在未来的大数据时代里,信息化技术和互联网普及程度的不断开发和推广,会促进更多的教师投入到教学改革、教学模式改革的研究热潮中来。

通过"互联网＋"教育所提供的大数据时代的教学新平台,信息化交流达到了空前高潮的水平。由于信息化内容的交流受不到高校所在地理范畴和教师所采用的教材的影响,所以作为教学内容的设计者应该丰富自己的知识储备,丰富学生的学习选择性。每一名教师都需要投入更大的精力,并具备激发学生学习兴趣的教学能力。对高校教师来说,教学资料的收集工作不是不容易,而是需要教师在本专业的专业领域精益求精之外,并能够吸取更多新的知识作为现有知识的补充,这样才能更好地提出教学质量和能力。

在过去的传统教学活动中,不论是中小学还是高校都是教师和学生集中在一个教室里,教师统一教学,学生一起学习。在这种情况下,突出的是以教师为主导的教学过程,这在沟通媒介不发达的时代里是一种利用率非常高的、高效的知识讲授的方式。显然,大数据时代里这样的填鸭式的教学活动已经过时了。在"互联网＋"教学的背景下,如何利用视频、动画和互联网等媒介实现更加全方位、立体化和人性化的教学活动是高校教师应该积极探索的问题。

在大数据时代的高校教育活动中学生的被动地位得到了彻底的转变,大数据的出现让学生的学习主动性得到了满足。学生可以根据自己的兴趣完成知识的学习过程。这就要求高校教师必须把教学重心从课堂教授的过程向教学活动设计、组织和控制方面过渡。因为大数据和互联网的出现,学生对信息和数据的掌握导致了在课堂上教师的掌控能力面临着威胁。学生的独立学习能力决定了现在的高校学生在接受教师的理论讲授和技术的指导时已经不会像以往那样绝对迷恋、崇拜和依赖教师了。当然,学生的自主学习是不够系统、不成体系的,通过视频和动画的方式学习到的知识也非常容易遗忘。所以,在大数据时代的高校教育中,教师应该充分利用视频、动画和互联网等现代化信息技术来设计更新的教学方式，鼓励学生的参与、线上或线下的随时互动、答疑解惑等。除此之外，还要求教师重视学生的个体差异，为学生提供个性化的课程体系。

二、大数据时代对高校教师的现代化信息技术提出的新要求

在传统的认知中，教师必须具备教学活动的设计、控制和评价的能力。在大数据时代，在此基础上教师应把信息化技术与传统课程教学进行充分融合。换言之，高校教师应该具备一定的基本的信息化技术。比如，高校教师要掌握制作多媒体课件的技术，要能够正确的使用计算机办公软件，要会在教学资源中插入网络视频链接等多种教学活动中应用的常规信息技术。目前，高校的信息化教学改革活动越来越广泛，可以利用和使用的新技术越来越丰富。微课、慕课、翻转课堂等新型教学模式的参与、教学数据的处理分析、网络资源的整合再现、新型媒介的应用等，都对教师现有的教学设计能力提出了新要求。由此可见，高校教师不仅要掌握现代化信息技术，还应该具备敏锐的洞察力，能够对信息化教学技术的新动态具有一定触觉，要求其主动地提升自己的信息技术，不断学习掌握最新的信息技术。

尽管我们对互联网的研究和开发已经取得了一定的成效，但是比较其大数据的基础相对于西方发达国家来说还是比较薄弱的，所以教师在高校教学过程中对于大数据技术的应用还是存在一定的难度的。在高校教育活动中，教师面对海量的大数据时，应该具备大数据应用技术中的数据存储技术和处理技术、对大数据的收集和分析的能力、对数据的统一和编码技术，以及对数据的结果能够有效地分析和对胜诉（败诉）的结果承担。高校教育层次的高要求使教师对大数据应用技术可以得到有效实践。

三、大数据时代对高校教师的综合信息素养的新要求

（一）大数据时代对高校教师的大数据信息素养要求更高

高校教师的大数据信息素养就是对大数据信息的延续和扩大，具体就是信息的收集、处理和分析的能力随着大数据时代的到来，对高校教师的信息应用技术也应该有一定的新要求。

在大数据时代的高等教育活动一方面要求教师要能够使用现代化信息记录相应教学活动所表现出来的对大数据的收集能力，即包括对与课程有关的数据的高要求；另一方面，要求教师能够从海量的信息中分析其应用技术，能够了解高校所需数据的有用性、有一定存在的价值等。大数据时代下的高校教师应该努力和外界沟通，努力提升自己的大数据信息素养。大数据带来便利的同时，也伴随着隐私保护及安全问题，正在一一解决。

（二）大数据时代对高校教师信息安全性非常关注

因为互联网时代的信息共享性越来越高，所以高校教师将自己的学术成果、课程资源和网络授课录像等在上传开展网络教学或者配合线下的教学活动完成课后答题等情况下必须处理。目前，高校教学工作在数据应用方面仍存在比较明显的一些隐患。比如，缺乏隐私及伦理道德规范的政策法规指导；在不同场景被应用的时候所设置的大数据访问权限缺乏相应的数据范围；对于海量的大数据信息的上传渠道无法做到一一鉴别，其真实性亟待加强等。

第三节　大数据时代高校教师角色的转变

一、大数据时代对高校教师角色的影响

教师的角色是教师的具体的岗位职责、明确的教学任务以及在与学生相处过程中体现的方式和关系。高校教师的角色不仅是社会群体对高

校教师的地位认可、教学行为的评价和要求,还包括教师自己对其教师身份、行为的认知和期望。在大数据时代原来象牙塔里神秘的大学教师的形象、工作方式、社会要求、与学生相处的方式等方面都由于信息技术的发展和互联网的普及发生了重大的变革,所以在大数据时代的高校教师的角色也应顺应时代要求发生转变。

(一)大数据时代高校教师工作方式的转变

1.大数据时代高校教师要在工作方式中充分利用现代信息技术

大数据时代对高等教育所产生深刻的影响是以大数据技术革新、信息资源共享的方式来实现的。这些影响促使高校教师改变了教学方式,创新了许多工作手段。比如:目前很多高校都通过手机、平板电脑等移动智能终端作为教学工具开展课堂互动,将教学课件、教学资料等上传之后学生就可以不再使用教材和去图书馆查阅资料,课堂气氛活跃、教学内容丰富、教学方法多样等效果非常明显;还有一些高校直接利用弹幕进行课堂教学,当教师发布问题之后,学生可以利用手机、平板电脑等移动智能终端将自己的答案发布在教学屏幕上,实现课堂上的趣味性交流,也有效地活跃了课堂氛围,促进了师生互动。

2.大数据时代高校教师的教学内容和方式发生了改变

在大数据时代的环境里,告别传统的黑板、粉笔和一般教材的教学模式,高校教师尝试或者必须使用电子文本、声音、图片或者视频等媒介作为教学内容传递的主要载体。这样的转变也给高校教师提供了非常大的发展和创新的空间,尽可能发挥想象力利用各种现代化信息技术,重新设计教学方案,将讲授的知识和技能用更加生动的表现方式给学生呈现出来。大数据时代的高校教学过程突出表现的就是这种表达方式的感染力和影响力。由此可见,大数据时代的高校教师的工作并不是单纯地将知识和技能进行结构分解,有效地传授给学生,而是发挥更大的创造力,使用大量数据信息和最新的多媒体技术来改革教学过程、教学方式和教学内容等。

以目前许多高校都已经有效实施的翻转课堂教学方式为例子来说明大数据时代高校教师工作方式具体的转变过程和实施情况。所谓的翻转课堂教学方式,是要求学生首先根据老师的要求通过互联网获取某一主题相关的信息资料,与同伴组成学习小组进行积极地交流,然后在上课的时候充分利用宝贵的时间与老师进行交流和讨论、在老师指导下积极地练习和训练。在这样的模式中,学生原有的在课堂上同时进行的学与做活动分解为获取知识和掌握吸收两个独立的阶段。这样的分解充分发挥了学生对知识学习的主动性,也提高了学习效率。使用了这种教学方式后,高校教师的工作内容也改变了固有的模式:教师要把传统地按照教学计划将知识点一一讲授的方式转变成为布置授课任务、组织学生小组讨论、检验学生研究成果、解决个别学习问题、布置章节练习等。在教学活动结束后,高校教师也不再是单纯的个体备课,而是将授课任务制作成为微课视频和学生的学习计划。

3. 大数据时代高校教师与学生沟通方式发生了改变

在大数据时代,人与人的沟通方式已经发生了翻天覆地的变化,打破了时间和空间的阻隔,实现了及时的、多角度的、全内容的交流。在互联网技术、智能移动终端和计算机程序等现代信息技术共同努力下为人类搭建的交流平台上,教师与学生的沟通也更加便利、便捷和有效了。教师可以利用网络技术和云存储技术将有关课程的教学日历、课件、习题等资料与学生共享,帮助学生完成学习计划、为学生布置学习作业、解决学生的疑问等;教师可以利用腾讯 QQ、微信、微博、公众账号等载体进行交流互动,了解学生的思想动态,帮助解决学生成长中的问题,成为学生们的知心朋友;教师可以通过教学评价系统了解学生对讲授课程的看法和意见,并以此对自己的课程进行进一步的教学调整。

简而言之,在大数据时代中高校教师在学生眼里再也不是高不可攀的形象而变得非常的亲密。通过多种交流媒介的应用,高校师生之间的沟通变得十分多元,并且对课堂教学起到了积极的促进作用。

(二)大数据时代高校教师的角色承受更多来自社会公众的期待

传统的高校教学模式在课堂设置、教学目标、教学内容设计和教授方式等各方面都有统一的设定。因此,社会公众也按照传道、授业、解惑的标准要求老师把自己的专业知识、技术经验、意识形态灌输给学生。此时,高校教师的工作内容就是将专业知识进行复制和传输。但是,在大数据时代里,人们获取信息的方式非常多元和便利,对教师的期望也不再是单纯的知识灌输,而是发挥学生的想象思维,创造更多的可能性。

在这样的大数据背景下,社会公众更加期待高校教师应该以学生为主体,协助其完成知识的获取过程,并进一步指导学生综合利用这些信息进行某一知识领域探索。高校教师需要利用互联网和软件程序与学生实现即时灵活的沟通,更便于对学生在学习过程中出现的疑问进行解答和指导,帮助学生对知识更好的理解和更深刻的掌握。教师综合学生的课堂表现和课后学习活跃性给予学生全面的评价,对于学生的进步要明确鼓励,让学生更深刻地理解学习的意义和本专业的价值。另外一方面,互联网技术和现代化信息手段为高校学生提供了丰富的学习资源和便利的学习环境,但是存在的问题也绝对不能够忽视。因为网络的便捷,导致学生随时随地都可以展开某一问题的信息收集。那么,这种信息的了解和思考都是在某一时间节点发生的,学生的学习时间过于分散。同时,学生收集信息的关键词和主要目的也不尽相同,获取的信息更多的时候表现为分散而凌乱的,无法形成知识体系。过多零散的知识突然出现在学生学习的某一个节点上,学生没有能力产生整体的思考,更无法实现更深层次的学习。与此同时,还应考虑学生的自治性和自律性。虽然我们探讨的是大数据时代高校教师的教学能力改革问题,面对的教学对象已经超过了18周岁,是法定意义上的成年人。但是,网络成瘾的问题并不是单纯的受到年龄来控制的,所以,对于这样的自由的学习形式,必须从教师的角度加以督导和监管。

在学生的学习过程中,学生要抵御各种来自互联网的娱乐吸引,坚持持续性、计划性的学习。还有一点需要社会和学校注意,在大数据时代对于信息的鉴别是一种应该具备的能力,学生必须能够独立思考或者在教师的协助下辨别所获取的信息的真假,以此来促进学习效果。面对这些由于现代化的信息技术和互联网技术融入高等教育而产生的问题,社会公众更愿意将其解决的任务交给教师。或者更简单点说,人们更愿意相信教师能够起到规范和约束学生利用大数据和互联网来进行学习的行为。正因如此,高校教师应该在教学活动开展之前,充分了解信息之间的关系,并按照其难易程度、主次关系来整合知识点;教师还应该时刻关注现代化信息技术和互联网科技的发展,学科相关的最新的数据特点,以便用最新的技术和数据调整教学内容,保证教学活动的时效性;除此之外,教师还应重视对学生学习过程和学习效果的评价工作,协助学生了解自己的学习进度和学习情况,以便找到问题,提出解决问题的方法,进而有效地督促学生更好地完成下一步的学习工作。

(三)大数据高校教师与学生的关系更加亲密

笔者常常听到有人夸赞一名大学专业课的教师"你们的工作最轻松了,不用坐班,下课就走"。这就是普通公众对传统的教学模式中的教师的看法。教师与学生的交流仅仅停留在教室里课堂上的关于教学内容的讲授和相关介绍。由于受到时间、地点的限制,师生之间很难做到充分的沟通。

在大数据时代,互联网科技为我们带来了多种沟通方式和交往手段。比如,教师可以根据教学内容的讲授情况,进行课后辅导和问题答疑;可以了解学生关心的问题和新闻,在下一次课上进行交流;可以针对学生在专业领域、职业生涯规划方面做知心人,予以一定帮助和解答。在课堂上古板权威的教师形象将会被弱化,积极主动、思维活跃的学生的新形象就此产生了。教师不再那么依赖教材,学生也可以通过多种途径了解更多的本专业知识和信息。在这种自由、和谐、合作关系中,学生可以获得更加有利于个性发展的方式。

二、大数据时代高校教师角色的发展趋势

综上所述,高校教师的工作方式、社会公众对其角色的定义和看法、与学生之间的关系都因为大数据的出现和信息技术的发展而发生了翻天覆地的变化。这些变化主要集中在教师对学生学习过程的干预、数据信息资源的使用、学习活动的设计、与学生沟通交流的内容和方法等方面。在大数据时代,高校教师除了保持传统的教育者、文化传播者和智力开发者的身份之外,更是把主导学生学习转变为引导学生学习、传递数据资源改为整合数据资源、组织学习过程转变为协调学习过程、对学生学科教育之外转变为平等的咨询活动。因此,在大数据时代的高校教师角色主要体现为以下九大类。

(一)教育者

高校教师的角色,首先是教书育人者,是承担高校教学活动的主体,也是主导师生关系发展的主要一方。为了实现高等教育对社会发展提供所需人才的目的,高校教师应根据人才培养目标设计教学内容、规划教学过程、创新教学方法,并在教学活动实施的过程中以言传身教的方式影响学生的道德情操和行为准则。所以,高校教师首先应该明确教育者的身份,树立良好的师德师风的社会形象。

(二)文化的传播者

教育活动本身就是文化发展和创新的源泉。教师作为教育者的同时,也相应地具备了将其所了解的专业文化知识进行传播的功能。如果没有文化传播和传承的必要,教育者的存在就没有任何意义了。在课堂上,学生用最短、最直接、最有效的方式从教师那里获取文化知识。教师在这一传递过程中利用启发、讲解、评价的方式促进学生对文化知识实现自我消化和再创造。因此,教师在明确自身教育者的身份的同时,还应做好文化传播的工作。

(三)智力的开发者

不同于中小学教育,高等教育内容除了专业知识信息的传递功能之

外,还包括对学生在专业领域的智力开发、解决专业难题的能力培养和对本专业的思考和探索能力等内容。换言之,高校教师应该在保证基础理论知识和技能的教学效果之外,通过激发和引导的教学方式,让学生对学科领域的拓展知识、延伸技能、创新理论产生兴趣和热情,继而产生对学科继续研究的钻研精神、探索精神和创造能力。在针对学生智力开发的过程中,高校教师应积极探索和创造更适合的教学环境和条件,尝试多种教学方法和丰富的教学资源,以达到开发学生智力、促进学科发展的目的。

(四)信息资源的整合者

大数据时代,互联网已经成为现代人获取知识和信息的主要渠道。当我们想要了解某一知识点或者解决某一问题的时候,无论是学生还是一般的社会人都不再是翻阅字典、查询专业书籍或者求教专家,而是打开电脑或者手机进行网络信息搜索。但是,我们也应该清楚地知道互联网世界里的大量信息都是杂乱无章、毫无头绪的状态,还有不少虚假、错误信息掺杂其中。如果未经整理和鉴别,学生仅凭一己之力进行数据的搜集和整理的话,其学习效果可想而知。所以,在采用现代化信息技术进行教学改革的时候,教师必须在学生课前信息收集、自主学习的阶段对网络信息进行必要的鉴别和整理,形成与本专业理论体系一致的信息资源库,帮助学生建构学习框架和学习路径。高校教师针对本专业教学资源进行信息整理的时候,应该注意不同知识点之间的逻辑关系,以及信息更新的速度和时效性。同时,教师还应在课程资源库中体现学生接受知识的难易程度,让学生在不同的学习阶段了解自身的学习程度、存在问题和未来发展的方向。

(五)学生自学的引导者

在大数据时代,现代信息化技术对于我们的工作方式和学习手段都产生了巨大的影响。高校教师在教学过程中也纷纷开展多种多样的教学改革尝试,出现了慕课、翻转课堂和课程资源库等利用网络进行线上和线下相结合的学习模式。在这些创新的教学模式中,利用互联网进行课前自学和课后拓展学习的学生越来越多。当然其中一部分是教师教学的需要。不管原因如何,在大数据时代学生的自主学习的积极性明显加强,相应的教师对学生学习过程的控制力也在明显减弱。但是,自学并不是自由的学习,也不一定是有效率的学习。尽管已经是大学生了,在自学过程中也可能遇到知识体系和逻辑关系的混乱情况。所以,教师应该引导学生设立学习目标,为学生创造合适的学习条件,给予学生学习的鼓励和支持。在这个时候,高校教师就是学生的导师,引导其实施规范化的自主学习。

1.引导学生树立合理的学习目标

合理的学习目标是学生在学习过程中努力的方向。如果学习目标制定的过高,会影响学生的学习积极性,反而会降低学习成效。所以,高校教师应该帮助学生针对自己的基础情况设定合理的学习目标,并帮助其整理学习的信息,激发起学习的兴趣。

2.引导学生组成学习团队

俗话说,三个臭皮匠顶一个诸葛亮。在进行创意活动的时候,我们往往采用德尔菲法或者头脑风暴的方法来依靠集体智慧促进技术的创新。在学生进行自主学习的过程中,教师应该引导他们组成学习团队,协助他们分工协作,并激发他们发挥个人所长完成学习任务。这样的自主学习方式可以解决个人独立学习过程中可能遇到的钻牛角尖或者学习任务重等问题,也更利于对知识的探索和创新。

3.引导学生主动发问

在自主学习的过程中,学生难免会遇到知识的盲点或者对所学知识理解的误区等问题。这个时候,部分学生会选择自己思考解决,结果往往是无法解决问题或者降低了学习的效率。所以,高校教师应该积极引导学生在自学过程中按照正确的路线进行,并在遇到阻碍的时候主动发问,顺利完成学习内容。

(六)团队学习的参与者

在上文中我们已经提到了学习团队的学习形式在自学活动中的重要

性。由于目前互联网提供的信息交流的便利性和开放性,学生在学习团队实践的过程中,团队成员之间不必实现物理性质的见面,往往可以以互联网为媒介展开协作和交流。教师应该参与其中,以行业专家的身份对学生们的学习活动给予指导或者引导其针对重要理论和观点展开讨论,更好地实现学习目标。另外,在整个学习过程中,高校教师适时地出现,给予学生反馈、鼓励,都可以很好地引导学生完成学生任务。所以,在学习团队的自主学习活动中,高校教师的组织和参与是实践团队协作的必备条件。

1. 引导学习团队确定合理目标

在参与学习团队的自学活动时,高校教师作为活动的组织者引导学生们确定合理的学习目标,并将这一目标分解,组织学生按照各自优势合理分工,完成每一阶段的具体目标。

2. 协助学习团队做好资源整理工作

在参与学习团队的学习过程中,高校教师作为信息资源的整合者,应该在学习活动开始之前,协助学生做好信息资源的搜集、整理和鉴别等工作,为学习团队的自学活动提供必要的技术支持,创造科学的实践条件。

3. 规范学习团队的学习活动

在参与学习团队的学习过程中,高校教师针对出现的问题或者偏离学习目标的活动应该给予一定的忠告或一些建议,以便帮助学生能够更加科学、主动、合理、规范地完成学习任务。同时,高校教师在活动中有监督、控制和评价其学习过程的义务和任务,让学生更好地了解自身知识掌握情况和学习中的问题。

总而言之,高校教师在学习团队的自学过程中能够更好地保证学生学习过程的科学性、合理性和高效性,能够更加充分地利用大数据资源和信息技术协助学生完成学习任务。

(七)自学过程中的咨询顾问

大数据时代所提倡的学习的主动性和协作性在学生的自学活动中全部都可以体现。学生通过和外界的沟通、合作的方式来获取知识,形成分析和研究的能力。对知识的整理、分析、应用的过程是真正的学习过程,让学生享受学习。在大数据信息技术的协助下,学生可以相对自由地规划自己的学习活动、掌握学习的进度,可以根据自己的爱好、特点和学习基础设计自学内容和选择适合自己的学习方式。在这个过程中,高校教师要给予学生充分的信任、尊重,不要过多地干涉。但是,当学生遇到问题和疑惑向教师咨询求助的时候,教师应该针对学生的特点、学科的特性、出现的问题等进行科学的指导和耐心的解答,成为学生学习过程的咨询顾问。

(八)教学方法的创新者

在大数据时代的教育教学创新活动中,高校教师身为教育者,应该充分利用现代信息技术所带来的创新的教学方法来提升高等教育的教学效果,也为教学改革活动创造无限的可能性和改革空间。换言之,高校教师必须认识到创新教育是身为一名高校教师的岗位职责和工作内容,成为教学方法的创新者和开拓者是一名高校教师的职业理想和努力方向。

高校教师与中小学教师的不同之处,就是其兼负教学工作和科研工作的双重岗位任务。在日常教学工作中,高校教师以科研改革的成果促进教学活动的前沿性,引领学生深入思考和探索本学科的发展;在日常的科研工作中,高校教师将大数据信息技术与教学活动中的思考和探索进行整合,从而推动专业学科的进步与发展,进一步将专业新成果再反作用于本职的教学工作。如此往复循环,既能够促进科研工作的进步,又能够创新教学工作方法和内容。

随着大数据时代的发展,高校教师对新技术、新科技的掌握情况,能够有效地决定其教学工作的效果,更能够促进其形成科学的教育理念、提升自身教学水平,创新教学方式。

(九)学生未来生活的规划者

通过上述的分析,传统教育理念中高校教师的角色是教育者、文化的传播者和智力的开发者,到了大数据时代,高校教师的身份更加多样化。这时,高校教师成了一个信息资源的整合者、学生自学的引导者、团队学习的参与者、自学过程中的咨询顾问和教学方法的创新者。除此之外,由于师生关系越发亲密的趋势,高校教师还逐渐表现出对学生未来生活具有一定的规划功能。高等教育本身就是创新的教育。在学生进入社会之前,在大学校园里从教师那里获取的知识和掌握的技能是学生在未来适应社会发展的坚实基础。通过教师在课堂教学活动中预测社会发展的前景,学生可以科学地预测将要参与的社会生产劳动、规划即将实现的生活模式、创造未来的无限可能性。

高校教师作为实践高校教学劳动的主体,其对学生的教育、科学研究的探索都起到至关重要的作用。因此,高校教师在实际的教学工作中往往还承担着学生心理健康的指导员、学校与社会公关关系的公关经理等角色。在大数据时代高等教育的发展中,相信高校教师还要承担更多的角色和任务。

第三章　教练型教师研究

第一节　教练型教师与传统型教师的区别

教练型教师以对学生百分之百无条件的爱为圆心,拥有百分之百相信、悦纳、激发的能力,同时保持自我觉察并支持陪伴学生提高觉察能力,助力学生打开内在智慧、唤醒自我生命力成为真正的自己。

教练型教师是和学生一起成长的,这样的教师不仅能找到自身优势,实现自己的价值和梦想,更重要的是能助力学生发现自身优势,激发梦想促进行动,实现他们的价值和梦想。

以下从如何激发学生的学习兴趣和如何探索学生的未来梦想来看传统型教师和教练型教师的区别。

一、在激发学生学习兴趣上的区别

(一)传统型教师

传统型教师大多凭经验直接告诉学生应该或必须对学习有兴趣。因为他们认为学习好,将来可以考上好的大学;考上好的大学,毕业就有好的工作;有了好的工作就有好的前途;有了好的前途这一辈子就会生活幸福;如果不好好学习,就没法获得幸福生活。

(二)教练型教师

教练型教师通过培养专业的能力和素养来倾听学生真正想要的是什么,通过提问和学生一起探索其自身的卓越性和优势,并进一步探索学生的兴趣点;基于学生的兴趣点探索其学习兴趣,并探索出学生兴趣点背后的更高层次意图;帮助学生把自身兴趣和学习兴趣进行有机结合,进而和学生探索具体的行动方案;支持学生的选择和决定。

二、在探索学生未来梦想上的区别

(一)传统型教师

传统型教师大多凭经验和自身感受及感悟来直接告诉学生要有什么梦想。一般来说,一些教师会根据对每个学生的了解直接给出学生要有什么梦想的建议,虽然考虑了学生的个体情况,但仍以教师的理解为主;另一些教师会直接给学生一些自认为不错的梦想。

(二)教练型教师

教练型教师通过培养专业的能力和素养来倾听学生想要的梦想;和学生共同探索为什么有这样的梦想;和学生共同思考如果梦想实现了会怎么样、会产生什么影响,以及为什么这样的影响会很重要;进而探索出学生内心的真正追求,以期最后探索出学生如何实现这一梦想。

综上所述,教练型教师通过一系列提问和回答,帮助学生明确想法,以此帮助学生创建自己的梦想。更重要的是,帮助学生觉察为什么那个梦想对自己那么重要,以连接最本真的自己。对教练型教师来说,无论学生说出来的梦想是伟大的还是渺小的,都不加以评判和干预。

通过以上的例子可以看到,传统型教师在教学中更多的是把自己掌握的知识和经验教授给学生,更多的是以专家和"过来人"的身份给出答案,并且通过直接教授的方式帮助学生接受和掌握相关知识或观点;而教练型教师更多的是通过引导、启发让学生自己学会找到关键点或找到问题的答案,以及思考为什么这个觉察对自己而言意义非凡。

传统型教师的优势是教师可以依据过去教学中积累的经验把考试中经常出现的知识点或人生经验进行总结提炼,教授给学生,学生只要按照教师教的方式做,就容易取得好的成绩或少走弯路。但这样做会有一些局限,对教师来说,在教学中总是教相同或相似的知识,时间长了会有倦怠感,缺少了体验变化的乐趣;而对学生来说,"填鸭式"的教学方式使他们的学习更多的是以被动接收为主,长久以往对学习的兴趣自然就会下降,也容易因为缺乏独立和系统思考,没能培养自主思维的学习能力。

陶行知先生曾经说过:"好的先生不是教书,不是教学生,乃是教学生学。"教练型教师的教学方式,可以帮助教师以学生为中心,把焦点放在学生身上。教练型教师通过引导、启发的方式,让学生可以更多地独立思考,并可以激发学生的学习热情,使他们在充分享受学习的过程中实现自主提高的目的。爱因斯坦说如果把学生的热情激发出来,那么学校所规定的功课就会被学生当作一种礼物来领受。由此可见激发学生学习兴趣的非凡重要性之所在。

教师的职责,不在于教给学生学问,而在于启发学生的学习兴趣,当兴趣已经很浓的时候,再教他学习方法,这才符合优良教育的原则。叶圣陶先生和陶行知先生都曾认为教是为了不需要教。教师要引导学生,使他们能够自己学,并且能够自己学一辈子,学到老。教育不是灌输,而是点燃火焰。

第二节　教练型教师模型

一、教练型教师模型简介

笔者基于在学校的教练实践,依托国际教练联合会(ICF)关于教练的理念哲学,萃取出教师在教练能力提高、促进自身和学生行为改变上效果显著的教练工具和方法,研发了爱心教练模型即教练型教师模型,如图3-1所示。

图3-1　爱心教练模型(教练型教师模型)

爱心教练模型给走在成为教练型教师路上的教师一个关于教练型教师的全景观,方便教师在学习教练的过程中能够更好地理解和记忆相关理念、方法和工具。

爱心教练模型具体包括以下内容:

(1)一把万能钥匙:爱。

(2)四把密码钥匙:相信、悦纳、激发、觉察。

(3)八把指纹钥匙:真诚欣赏、尊重鼓舞;包容同理、给予空间;好奇探索、启迪梦想;多维思考、深度认知。

(4)四把面部识别钥匙:沟通(说)、倾听(听)、思考(观)、学习(觉)。

如果把学生的世界看成一个宝库,毫无疑问里面藏着的都是最本真的希望与美好。爱心教练模型就是用来打开宝库锁的钥匙,先用“爱”这把万能钥匙插入钥匙孔,宝库的第一道门应声而开,接着用“相信、悦纳、激发、觉察”四把密码钥匙打开第二道门,然后使用“真诚欣赏、尊重鼓舞;包容同理、给予空间;好奇探索、启迪梦想;多维思考、深度认知”八把指纹钥匙打开第三道门,最后使用“沟通(说)、倾听(听)、思考(观)、学习(觉)”四把面部识别钥匙打开宝库最后一道门。这个过程就像面对不同的宝库门,拿出对应的钥匙,轻松打开宝库,让宝藏绽放光芒。这些钥匙,也可以理解为音调,教师可以通过独具匠心的任意组合,运用层出不穷的搭配,把学生世界的美妙音乐演奏出来。

二、模型内容

(一)一个中心:爱

古往今来,爱是人类永恒的主题。爱是一种主动给予的幸福感,是指一个人主动以自己所能,无条件尊重、支持、保护和满足他人无法独立实现的人性需求,包括思想意识、精神体验、行为状态、物质需求等。爱的基础是尊重,爱的本质是无条件地给予,而非索取和得到。真正的教育是触动心灵的教育,关键在于是否能够走进学生的心灵、能否打动学生的心灵。就像苏联著名教育家苏霍姆林斯基所说的:“我们要像对待荷叶上的露珠一样，小心翼翼地保护学生的心灵。"

正因为爱是一种发自内心的情感，所以在我们的模型中，教师对学生的"爱"是重中之重，是圆心也是核心。学生一旦感觉到教师的这种情感，就会"亲其师，信其道"，不断自我激励、努力学习，也会自觉表现出对教师的尊重，这样就会形成良好的师生相互信任、理解的氛围。在这样的氛围中，师生交流沟通渠道畅通，学生愿意与教师谈论自己的思想，真诚倾诉，从而达到良好的教育和教学效果。当然，这里提到的教师对学生的爱绝对不是一味地溺爱，保持爱的心态对待学生，不等于纵容学生犯错，而是尊重学生的人格、不侮辱学生，同时对于错误会帮助学生自我觉察。教师保持宽容和中立，才能公平地对待每个学生。关心学生，不仅要关心学习，还要关心身心健康和品德修养，先成人再成才。做到这一点并不容易，教师也是人，也有个人情感、个人好恶、长项和弱项，教师只有对学生有无私的爱心，持续不断自我修炼，才能控制和调整自己的个人情感，更有力地支持学生。

一个好教师是什么样的？首先他是这样一个人：他热爱学生，感到和学生在一起是一种乐趣，相信每个学生都能成为好人，善于跟他们交朋友，关心学生的快乐和悲伤，了解学生的心灵。

在我们看来，爱的教育首先是"充满情感的教育"。也许有人会强调教育不能完全被感情取代，对此我们完全同意，所以我们认为教育必须充满感情但一定不是仅仅如此。想要真正做到爱学生，就必须善于走进学生的情感世界。虽然感情不能取代教育，但教育必须充满感情。要爱学生，就要想办法使自己成为学生的朋友，去感受他们的喜怒哀乐，与他们的内在声音同频；要爱学生，既要对学生严格要求，不一味地迁就学生，也要对犯错误的学生以爱护的心态去陪伴、支持、唤醒，让他们自己认识到问题所在并能找到相应方法和资源去解决。而这种教育通常绝非一两次就可以完全奏效或达到目的，所以非常考验教师的安在当下、深度倾听、中正好奇、高度觉察的状态。简而言之，百分之百无条件爱学生是成为教练型教师的出发点。

因此,我们关于教练型教师的爱心教练模型的最核心部分是"爱",用无条件的爱来保护学生最柔软又最智慧的内心。爱是教育的源泉,没有爱的教育,很难称为教育。爱是一把"万能钥匙",百分之百无条件的爱可以打开任何一扇心门。爱因斯坦曾说:"只有爱才是最好的老师。"教育的本质是把学生当成一个"完整的人",支持学生释放所有的潜能和天赋,成为真正的自己。也正如苏联教育家马卡连柯所说的:"教师的心应该充满对每个他要与之打交道的具体的学生的爱,尽管这个学生的品质已非常败坏,尽管他可能会给教师带来许多不愉快的事情。"

(二)四种卓越状态

状态先于行动,爱的外圈是四种卓越状态。"相信、悦纳、激发、觉察"是爱心教练模型的坚实支柱,在爱的源头下教师"相信、悦纳、激发、觉察"学生,教育的阳光就能照射进学生的心灵,学生就能健康快乐地成长。

(三)八项积极行为

当具备了相信、悦纳、激发、觉察四种卓越状态时,继而会呈现八项积极行为(真诚欣赏、尊重鼓舞;包容同理、给予空间;好奇探索、启迪梦想;多维思考、深度认知)。这八项行为对应四种状态,每两个行为对应一种状态。

(四)四类外在表现

在八项积极行为的基础上,教练型教师会进而呈现四类外在表现:沟通(说)、倾听(听)、思考(观)、学习(觉)。

如果把这个爱心教练模型比作一棵树,那么从叶片到枝杈,再到树干,最后到根部,你会发现看似无关联的事物实际上是有千丝万缕的联系的,而恰恰这种联系是深层次的。在爱心教练模型中,爱是根基,四种卓越状态是主干,八项积极行为是枝杈,四类外在表现是树叶,这样就能形成一棵枝繁叶茂的参天大树。这个模型不仅适用于教师教育学生,也适用于教师对自己的修炼。

如果每位教师都以爱为源头,拥有相信、悦纳、激发、觉察四种状态,呈现真诚欣赏、尊重鼓舞,包容同理、给予空间,好奇探索、启迪梦想,多维思考、深度认知这八项行为,且在实际的教学工作中使用 4D 沟通法、3F 倾听模型、5R 教练模型、MBTI、VAK 表象系统等简单工具(后面会具体介绍),那么每位教师都能成为真正的教练型教师。

第三节　成为教练型教师的工具和技能

一、说(沟通)

卡耐基认为在一个人的成功因素中大约有 85% 来自沟通,只有大约 15% 来自个人天赋和能力。对于教育从业者而言,沟通的意义则会更加重大,一位好教师的一句话可能会影响一个学生的一生。

教师们不仅要跟学生、同事、领导沟通,还要跟家长沟通,好的沟通可以帮助人们创建良好的师生关系、同事关系、上下级关系,以及家校关系。

因为每个人的性格都是不一样的,所以不能用一套固定的模式跟所有人沟通,因此沟通的前提就是要对沟通对象有深度的了解和认知,基于不同人的性格特征进行有针对性的沟通。为了让教师们掌握有效识人工具,我们在学校做项目的过程中,引入了 4D 天性测评工具,并且在这个工具的基础上开发了 4D 沟通法。

4D 天性测评工具源于美国国家航空航天局天文物理学部门主任查理·佩勒林博士创建的 4D 天性测评模型。这个测评的特点就是简单易于应用,测评的原理是基于我们大脑中两个经常性的活动,一个是做决策,另一个是收集信息。查理博士将这两个维度放到笛卡尔坐标中(见图3-2),横轴就是决策轴,纵轴就是收集信息轴。

人在做决策的时候有两种不同倾向,一种倾向是凭情感感性(F)做决策,另一种倾向是凭思考逻辑(T)做决策。例如,我们都有过购买手机的经历,靠情感(F)做决策的人在通常情况下,会因喜欢某种颜色或感觉好就买了。而靠思考逻辑(T)做决策的人通常会在网上查找和对比,如将华为、小米、苹果等品牌进行对比后再决定买哪一个。

收集信息也有两种不同倾向,一种是凭直觉(N),看整体更多一些;另一种是凭感觉(S),看细节更多一些。例如,你在工作中领到一项任务,你可以注意下自己的第一反应。看整体凭直觉(N)收集信息的人首先会想这个任务要达成什么成果,看到的是整体、大画面;凭感觉(S)看细节收集信息的人首先会想这个任务的流程、规则、计划、时间等,看到的是局部和细节。所以通过这两个经常性的活动及不同的倾向就把人分成了四种不同性格类型。为了好记,我们给不同类型的人赋予不同的颜色,横坐标左侧情感(F)和纵坐标上方直觉(N)组合的这个维度就是小绿人;横坐标左侧情感(F)和纵坐标下方感觉(S)组合的这个维度就是小黄人;横坐标右侧逻辑(T)和纵坐标上方直觉(N)组合的这个维度就是小蓝人;横坐标右侧逻辑(T)和纵坐标下方感觉(S)组合的这个维度就是小橙人。

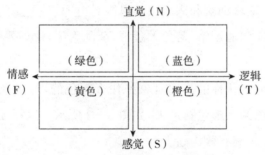

图3-2 四种不同性格类型

小绿人的优势:天生关注人,有同理心,内心博爱,特别擅长看到别人的优点,喜欢赞美他人。

小绿人的局限:做事没有常性,虎头蛇尾,敏感,遇挫折爱抱怨,容易情绪化,喜形于色。

和小绿人的沟通策略:避免直接否定,多感激、多认可、多表扬、多赞美。

小黄人的优势:天生关注人际关系,为人友好,善良忠诚,善于整合资源、配合他人的工作,有团队精神,喜欢大家在一起的感觉。

小黄人的局限:爱揽活,做事慢,不懂得拒绝他人,决策不够果断,爱充当老好人,不喜欢冲突对立,缺乏原则立场。

和小黄人的沟通策略:避免强势,注重关系连接,保持语气、语调平和,让对方感受到被包括、放松和舒适。

小蓝人的优势:天生关注结果、目标、大局,点子多,有创意,有愿景,凡事总是想追求卓越。

小蓝人的局限:以自我为中心,爱辩解,善变,缺乏同理心,说话直爽,脾气有时火爆。

和小蓝人的沟通策略:避免直接指挥、命令安排工作,多提问,征询意见,发挥小蓝人的创造力。

小橙人的优势:天生关注计划、流程、规则、秩序,做事富有逻辑、靠谱、执行力强。

小橙人的局限:教条,死板,爱指责,受管控,缺乏灵活性,做事保守,追求安全确定,缺乏创新和挑战突破思维。

和小橙人的沟通策略:避免无条理、杂乱无序,说话要有逻辑,要讲事实和依据。

如果你不能确认你的沟通对象是什么颜色的,可以在沟通的过程中把四种不同颜色的人都包括进来,如图3—3所示。这样无论对方是什么颜色的,都可以做到有效沟通。

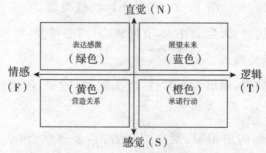

图3—3 在沟通的过程中考虑四种不同颜色的人的特点

首先从绿色(NF)表达感激开始,这个维度的主要目的是关注人们的情感需求,当人们的情感需求被满足以后就会很愉悦。例如,你在沟通开始之前可以先对沟通对象表达你对他的关心、关怀,这会让沟通对象感受到温暖,可为你接下来的沟通起到了润滑的作用。我们有很多教师在跟学生或家长沟通的时候,习惯于上来就谈事情,忽略了对情感需求的关注,这样的沟通方式不太容易打开沟通对象的心,很难进行有深度的沟通交流。

说完绿色(NF)维度表达感激,接下来就进入黄色(SF)维度(营造关系),这个维度重点关注的是人们的归属感需求,让沟通对象感受到自己被充分的同理和包容进来,就像跟家人聊天一样很放松,很安全。同时让沟通对象感受到这个聊天对双方来说都是一件有意义的事,而不是单向的输出、被动的接受。例如,你可以在这个维度表达,我们已经认识很久了,难得有这样一个机会,我们可以一起探讨这个对你我都很重要的话题。

之后进入蓝色(NT)(展望未来)这个维度,这个维度是把注意力放到人们想要看到全局的需求上,让沟通对象从大方向上了解到接下来沟通的框架是什么,知道这次沟通的重点都有哪些,这样沟通对象就会在大脑中提前准备相关的内容,会使你们之间的沟通更高效。例如,你可以跟沟通对象说:"今天这一小时的沟通我们重点会谈三件事。第一件事是……第二件事是……第三件事是……"需要提醒的是每次沟通的话题为1~3条。过多的话题会使人们很难记住,同时也很难做到聚焦。

接着进入橙色(ST)维度(承诺行动)。这个维度是把注意力放到满足人们的逻辑需求上,让人们清晰地知道沟通的步骤及通过沟通后双方达成的共识和行动。例如,你可以说:"我们先从第一件事开始聊起,你先说一下对这件事你的想法。你说完之后我再反馈……"三个话题都沟通完,你可以总结一下你们双方都达成了哪些共识,后续有什么行动,也可以请对方总结反馈确认。

最后回到绿色(NF)维度表达感激,感谢对方在整个过程的坦诚、开放,以及对你的信任,也可以用到3F倾听分析整个过程中的事实、感受和意图。

这个工具有很多延展应用,不仅可以用于一对一,还可以用于一对多的公众讲话,包括家校沟通、舆情处理等方面,教师们可以举一反三,在自己的工作场景里多实践、多创新，体会它的妙用。

二、听（倾听）

听者为王，好沟通都是听出来的。优秀教师的良好沟通来源于自觉地遵循了以下这两条原则：第一是倾听，即让学生把心里话说出来，同时要听懂学生话里的真实意思；第二是理解，即站在学生的角度想是不是有道理。

教师应成为学生的朋友，深入他们的兴趣中，与他们同欢乐，共忧伤。忘记自己是教师，学生才会向教师敞开心扉。当教师以亦师亦友的角色融进学生群体中成为他们的一员，不再评判或编故事时，才能听到学生的心声，知道他们的需求。这是心与心的碰撞，是爱与爱的交流，让教师和学生在倾听中相互欣赏。真诚的沟通会使学生内心充满阳光，即使是指出学生的问题，也更容易令学生接受。教师的话语如涓涓细流潺潺而过，学生的心门自然会似层层迷雾缓缓展开。倾听分三个阶段：

（一）以自我为中心的倾听

在此阶段是把关注点都放在自己身上。人们的表现是：在听完或尚未听完对方的话时，就做出判断，着急发表自己的意见或见解，强调自己的观点及立场。此阶段的听没有身体上的相应配合，也没有给对方一个很好的回应，注意力是在自己身上，甚至沟通的双方不能够达成共识，人们会只想着如何说服对方。

（二）以他人为中心的倾听

此阶段是把关注点都放在对方身上。这个阶段的表现是：通过对对方的言语、态度、语调等做出一些相应的反应来进行交流。在沟通过程中会集中注意力，看着对方的眼睛，目光会有交流；做出和对方相同的一些动作，与对方产生共鸣等；拥有和对方同步的一些呼吸、语速和音调等；最后会重复、总结对方说的话，会做出适当的反馈，有总结、有回溯。但这样的倾听只关注对方，而没有关注自己，是完全同理对方，这也不是真正高水平的倾听和沟通。

(三)使用 3F 倾听模型进行倾听

3F 倾听模型是在非暴力对话倡导者马修·罗森博格和现代教练之父托马斯·伦纳德的研究成果基础上,由郑振佑博士发展出来的技法,可以提高直觉力,使人的心灵和意识更加强而有力,这个技法在实际应用中有非常好的成效。

3F 倾听模型包括以下内容:

(1)Fact(倾听事实、真相):倾听并说出自己看到的事实。

(2)Feel(倾听感受、情绪):倾听并表达自己的感受。

(3)Focus(聚焦意图):倾听并说明自己的意图,从事实中感受:意图。

所谓"倾听"绝不是静静地听对方讲话就可以涵盖的。它是一个流动的过程,不是单向的,而是一个逐渐循环的、不断清晰聚焦的、可以达成共识的,并且形成非常好的行动方案的过程。它可以提升人们在与他人沟通的过程中的直觉,能够帮助他人在心灵和意识层面得到更多的觉察。

三、观(思考)

发明千千万,起点是一问。学习知识要善于思考,思考,再思考。爱因斯坦就是靠这个看似简单的方法成为科学家的。若无某种大胆放肆的猜想,一般是不可能有知识性的进展的。想象力比知识更重要,因为知识是有限的,而想象力概括着世界上的一切,推动着进步,并且是知识进化的源泉。同时思考还包括对做过的事情及时复盘,以吸取经验教训,未来做得更好。

哈柏露塔(Havruta)教育法,即寻找伙伴,一同进行提问、对话、讨论和辩论,以达到学习提升。这个看似简单、应该人人都知晓理应会操作的流程,是以提问开始,并以提问结束的。首先必须提出问题,才能够进行讨论和辩论。同时也可以从提出的问题看出提问者的水平。并且,所提出的问题,要有能够引发另一个人往不同方向去思考的力量。这个力量,也会对提问的人产生影响。因为问题决定想法,想法决定动机,动机决定行动。所以如果作为教师真的掌握了这种提问精髓并落实在教育环境,那么就可以将传统的"（学生）听的教育"转化为"（教师与学生）相互问的教育"；可以将"教师教学生的教育"转化为"教师和学生沟通的教育"；可以将"（仅）成功导向"转化为"成功与幸福的导向"。就像爱因斯坦说的，真正的快乐是对生活的乐观，对工作的愉快，对事业的兴奋。在我们看来，他的话揭秘了为什么绝大多数的犹太家庭，都有强大的向心力，同时拥有成功与幸福的关键所在。

尽管并不是要把每个学生都培养成为担任实际领导岗位的领导者，但领导思维和意识是每个学生都需要的。提出一个问题往往比解决一个问题更重要。解决问题也许仅是一个数学或实验上的技能而已，而提出新问题，却需要有创造性的想象力，而且标志着科学的真正进步。善于提问的教师，可以激发觉察；善于提问的学生，会探索到更多未知世界。往往很多时候，正确的答案不止一个！教育的事业并非使年轻人能完美地从事科学研究，而是要开阔年轻人的心胸，使其能尽力运用自己之所长。

陶行知说："敢探未发明的新理，即是创造精神；敢入未开化的边疆，即是开辟精神。创造时，目光要深；开辟时，目光要远。总起来说，创造、开辟都要有胆量。在教育界，有胆量创造的人，即是创造的教育家。"相信每位教师都可以成为创造的教师。

四、觉（学习）

教师都希望自己带的学生能够在课程中认真听讲，积极回答问题，班级氛围活跃。可是在现实中会发现大部分学生在课程中，百分之百投入的时间是有限的，所以当看到有教师可以做到在一节课40～45分钟的时间里，激发学生全神贯注、积极参与、主动提问，他就会成为其他教师们羡慕的对象。在很多人眼中能做到这样效果的教师太少了，自己也会觉得很难学到。

通过在学校的不断实践，可以发现要想帮助教师激发学生的学习热情，提升课堂效果，就要使教师要觉察到，每个学生的学习风格是不尽相同的。有的学生在上课的过程中对图片、视频、故事、PPT、板书等特别感兴趣,有的学生对教师的声音、语气语调、字词、音频文件等特别敏感,有的学生对于小活动、小游戏、分组讨论等互动体验式的学习特别有热情,有的学生就是喜欢自己一个人安静地思考,不喜欢被打扰。因此,在课程中如果教师在教学设计上只用一种方式,是很难吸引有不同学习风格的学生的。这也是为什么在课程中很难做到让所有学生全情投入积极参与的重要原因。所以作为教师掌握学生的学习风格工具就变得非常重要。

在生活中,人们通常是以视觉(看到的画面)、听觉(听到的声音)、触觉(感受到的感觉)、嗅觉(闻到的气味)、味觉(尝到的味道)来收集世界上的信息的,在神经语言程序学(Neuro Linguistic Programming,NLP)中称为表象系统,也就是我们的感官系统。

NLP 发现人们与外界联系基本分为三种模式,即视觉型(Visual)、听觉型(Auditory)和触觉型(Kinesthetic),简称 VAK。其中,听觉型(Auditory)分为两种不同情况,一种是向外的对话,属于听觉型(Auditory,A),另一种是向内的对话属于自语型(Auditory digital,Ad)。

不同学习风格学生的学习特点,如表 3-1 所示。

表 3-1　不同学习风格学生的学习特点

视觉型学习者(V)	听觉型学习者(A)	触觉型学习者(K)	自语型学习者(Ad)
1.先看再做	1.偏好通过听来接收指令	1.喜爱通过做来学习	1.喜欢内在对话,自我感悟
2.喜欢信息以视觉形式呈现	2.喜爱听故事	2.喜欢主动	2.注重所学内容的逻辑
3.关注任务本身	3.喜欢以读的形式来学习	3.通过动手来学习	3.喜欢分析和深思熟虑
4.注重细节	4.通过听见而记忆	4.通过体验来学习	4.喜欢安静
5.喜爱阅读		5.爱运动	
6.通过看见而记忆			
7.具有艺术范			

第四章 认知学徒制视角下高校青年教师教学能力培养

第一节 高校青年教师教学能力培养与认知学徒制

一、高校青年教师教学能力培养相关研究综述

(一)国外研究

教师是一所高校存在和发展的基础,是高校主要的学术资源,具有活力的教师发展政策是高等教育机构发展的关键。20世纪50年代以来,教师发展已逐渐被视为教育改革的中心和核心要素,甚至被视为学校与教学革新的"心脏",它能最大限度地重建和振兴一个国家的教育希望。重视教师发展,已成为当前发达国家教育教学改革的重要趋势和核心内容,他们对教师发展的本质内涵、研究范式、影响因素等的研究现出一种理性、多元和开放的局面。

第一,教师发展的丰富内涵。1991年美国教育联合会对教师发展做出全面界定,教师发展基本围绕着四个目的,即教学发展、组织发展、专业发展与个人发展,这极大地丰富了高校教师发展的内涵,有效地促进了教师完成各项工作(目前我们经常提到的教师发展,更多的是指教学发展和专业发展两部分,也即教师专业发展)。

高校教师发展相关概念包括教学发展、组织发展、专业发展、个人发展,这四个维度是相互渗透、相互制约和相互促进的,教学发展是高校教师发展的逻辑起点。教学发展主要强调高校教师掌握先进的教学技术、

改善教学方法、发展教学技能,高校教师只有在教学方面不断发展,掌握较高的教学技能,熟练操作现代化的教学仪器,才能运用有效的教学方法把专业知识和技能高效地传授给学生。通过教学相长,对教师的专业知识的提升有所帮助,教师个人表达能力、人际交往能力等得到相应提高。教师努力提高教学技能,也会促进高校重视教学,建设有利于教学发展的组织环境。因此,高校教师发展是以提高教师教学水平为核心的有关理念、方法和实践的综合性。

第二,教师专业发展研究范式转型。"教师行为"向"教师认知"的范式转变,为教师专业发展提供了新的视角。教师认知是国际上教师教育和发展研究的一项核心内容,体现了教学研究范式从关注外显的教师行为到关注内隐的教师思维的重大转变。教师认知是教师行为背后的驱动力。20世纪70年代中期以前,在教育研究领域,范式主要是基于行为主义的"过程—结果"范式,这种研究取向把教学行为(过程)和教学效果(学生成绩)视为简单的因果关系,忽视了教师的主体性,教师的自身资源、实践智慧无法被传承,也不能很好地理解教学的本质性和复杂性。随着认知心理学的发展,20世纪70年代中期教学研究范式重点开始从"教师做什么"转向"教师为什么这样做",即教师的内心世界,关注教师内隐知识显性化过程。

第三,教师培养模式重心下移。基于教师专业发展研究范式转型,教师培养方式重心也将从"校本"向"师本"转型,不是单纯从上级教育行政部门的指令出发或单纯从学校的一般性要求出发去"训导"千差万别的教师,而是将培训工作的逻辑起点逐渐下移,逐渐回归到教师日常、具体、生动的实践活动这个原点,关注每位教师教学和科研工作的原生态、特殊性和差异性,这样就可以避免将"教师个人主体"异化为"教师类主体",避免校本培训中的一个误区——过度强调学校对教师的一般性要求,以此出发促进教师个体走自己独特的成长之路。

第四,关注实践取向的教师知识观。从20世纪80年代开始,世界范围内的教师教育领域理论与实践变革的理念根基由以往的"理论"转向了关注"实践"。英国学者艾尔巴兹（Elbaz）是第一个提出"教师实践知识"的学者，她发现教师拥有一种独特的实践知识，并将其归纳为五种成分：关于自我的知识、教学环境知识、学科内容知识、课程开发知识和教学法知识。教师的实践知识具有个人性、实践性、缄默性和情境性等特征，与理智取向下教师知识的普遍性、客观性截然相反。"教师实践知识"一方面源于教师对教育实践经验的审查与反思；另一方面源于教师基于实践背景的重新解读和反思教育理论，最终形成在专业领域能够有效发挥作用的实践知识。师范生和教师接受培训的"学徒观察"只看到教师的外部行为，而忽略了其内部思想。

这些旨在促进教师发展的研究转向，为教师发展方式提供了一种新的理论视角和实践取向，在一定程度上引领着教师发展方向。

(二)国内研究

目前，我国的高校教师发展研究处于启蒙和起步阶段，理论研究成分不多，许多研究局限于口号式的宣传或流于现象的讲解，高校教师专业发展还是一个新概念，且对概念内涵、发展方式等的理解尚未理清，帮助教师提高自身发展的活动也很有限。目前所颁发的"高校教师资格证书"并不足以表明教师已具备了应有的高校教育教学能力。张楚廷教授曾指出的"一个现实的问题是，师范教育体系目前只负责高中以下（含高中）学校师资的培养，大学师资并无相应的师范教育机构来培养，也没有为研究生进入大学师资队伍之前的必要教学训练设置的其他专门机构"，使得先天缺乏师范教育素养的大学教师"后天供给不足"。大学教师专业发展处于"自然成熟"状态，一般认为专业知识的提升就是教师专业发展的需要，用学术能力遮蔽了教学能力的发展。现从我国的教师专业发展组织、教师进修培训内容、教师发展方式和当前实施措施这几个方面做如下概述：

第一，教师专业发展组织。我国目前还没有成立真正意义上的教师专业发展组织，多数高校也未能对教师进行系统化的培训，但已有过一些研究措施并付诸实践：中国原有的高校教师进修培训，采取政府为主、集中建设培训基地的模式，1985年开始依托重点师范大学或综合大学建立了三级共38个高师师资培训中心,后来又依托国家重点大学建立了70多个培训基地。主要有11种形式:高校研修班、国内访问学者、以毕业研究生同等学力申请硕士学位教师进修班、骨干教师进修班、高等学校教师在职攻读硕士学位、助教进修班、岗前培训、社会实践、单科进修、短期研讨讲习班、出国进修。这种政府主导的培训模式,能够使优质教育资源集中起来,较好地保证教育投入,但也存在一些不足:首先,参训人数有限,不能适应高等教育大众化发展对教师增量的需求,教师的整体水平不能得以有效提升。其次,带有一定程度的强制性和整齐划一性,难以照顾到不同类型学校、不同专业和层次需要的教师发展,教师个性被忽视。最后,培训内容往往缺乏实践针对性,不能及时解决教师教学中遇到的困难,教师来自全国各地,花费也比较大。

第二,教师进修培训内容。主要注重学历层次的提高,其次就是注重学科专业能力,尤其科研能力的提升。我国高校培训的11种主要形式中,绝大多数是为提高教师科研能力和水平而设计的,或者为教师提供某些研究生学位课程,或是以更新教师学科知识为目标,即传统提供给大学教师帮助的几乎都是关于内容的,而不是工作方法和实践经验的。在过去很长的时间里,一个教师最值得且能够反映和代表他一生最宝贵财富的就是教学经验,近年来,教师的教学经验即实践智慧的重要性已被忽视,使得非常好的课程失传了,教学名师名课的失传是非常令人痛惜的。

第三,教师发展方式。随着"教师进修培训"被"教师发展"替代,促进教师个体教学能力与高校的人才培养工作共同持续发展成为当前教师发展的基本目标。21世纪以来,青年教师教学能力培养呈现出多样化的趋势,学校主要从岗前培训、以老带新一对一结对、"青年教师教学会讲"比赛、学术交流、教学研讨、本专业短期进修、创办"教学名师论坛"、教学团队建设等途径来开展,从高校校情出发的行动研究已经在我国初露端倪。一些高校已成立专门的机构如教学中心或教师发展中心、教师卓越中心,旨在建设教学服务平台,使教师在教学领域获得全面提升,从而整体推进学校的教学工作。但总体来说,教师教学发展的理论研究和实践应用仍然比较薄弱,教师培养方式支离破碎,帮助教师提高自身发展的活动也有一定局限。

第四,关于教师教学能力提高的影响因素。主要表现为:师范教育的缺失和偏颇;教师终身教育体系尚未形成;高校教师教学能力发展的"高原期";教学效能感的走低;教学与科研的失衡以及教学管理的偏颇;理论界对有关高校教师教学能力的研究关注度低;高校教师选拔机制的固有缺陷;教学管理力度的"软化";教师教学能力助长机制的缺失;教师评价制度的偏向;教师敬业与爱生的情感因素;沿用传统的教学方法,掌握和运用新技术和先进教学手段能力差等。

二、认知学徒制理论研究综述

(一)国外研究

关于认知学徒制理论的研究,从以下三个方面加以概述:

(1)理论提出阶段(1983—1989 年)。20 世纪 80 年代,认知心理学的主要研究成果和柯林斯、布朗等人对指导、反思、探究、清晰表达等的探索,以及人类学家莱夫等关于传统学徒制的研究,为认知学徒制理论的提出打下了基础。1989 年,柯林斯、布朗和纽曼合作的《应用认知学徒制教授阅读、写作和数学》一文中,首次从心理学角度提出了认知学徒制的教学设计模式。他们从一些成功的教学实例中抽取出关键的要素,构成了认知学徒制的理论框架,从一开始就明确指出,认知学徒制并非以概念类知识的学习为目标,而是关注认知、元认知知识和技能的学习,提高学习者解决问题、进行复杂的高级水平思维的能力。柯林斯等人认为,知识和学习是情境性的,而将传统学徒制与正式学校教育相结合的认知学徒制能体现知识的情境性本质,可以作为改良传统实践的一种可能性选择。

(2)理论推广阶段(1989—1993 年)。认知学徒制不仅表明了 20 世纪 90 年代关于教学和学习的最新研究怎样被整合进一个模式中,还表明了怎样被有效地用于改进教学实践,因此引发了教学和学习专家的广泛兴趣。1989 年出版的美国督导及课程发展协会(ASCD)年鉴《走向思维课程:当前的认知研究》将认知学徒制作为全书五大组织性主题之一,并用了很大篇幅对其进行了详细的介绍。1991 年,柯林斯等人发表的《认知学徒制:使思维可视化》《认知学徒制与教学技术》《提高后进生的认知学徒制》《学习环境的设计问题》等文章,对认知学徒制理论作了进一步深入和细致的论述,并得到了更为广泛的推广。

(3)理论运用阶段(1993 年至今)。1993 年以后,认知学徒制理论成了西方国家主要教育心理学著作中必然会介绍的一种教学理论。西方学者把认知学徒制理论作为框架,探讨其在各个领域的应用,如基础教育、职业技术教育、大学教育。具体到教育领域的各个学科,又涉及数学、物理、化学、计算机、历史、语言等和阅读、写作等具体技能的教学,另外还扩展到成人教育、远程教育和教师专业发展、企业新员工培训等领域。尼科尔(Nichol J.)等报告了将认知学徒制用于教师专业发展的效果:1998—2003 年,五个地方性教育部门的 400 名教师参与了该项目,对其中一门课程中接受培训的 15 名教师的分析结果表明,围绕认知学徒制模式构建有高等教育课程导师参与的专业发展,使教师们能够吸引和适应新的教学策略,并将其内化。认知学徒制促进了教学专业技能从一种课堂情境到另一种课堂情境的迁移,使受训教师能在自己的课堂教学中实施各种专家的教学示范。

认知学徒制模式的产生不仅从理论上论证了其合理性的存在,关键是给教育的实践领域带来了巨大的影响,产生了一些实践并被运用的有效的教学模式范型,在当前的实践研究中,认知学徒制模式主要有以下四大主要范型:学术教育和职业教育整合的认知学徒制模式、基于工作的认知学徒制模式、技术准备课程与“2+2 项目”认知学徒制模式和合作教育认知学徒制模式。西方学者把认知学徒制理论作为框架,探讨其在各个领域运用的研究不胜枚举。

(二)国内研究

1.著作类

高文教授是最早认识到认知学徒制的价值并将其引入国内进行介绍

的学者。在近年出版的学术著作中,《教学模式论》(高文,2002,上海教育出版社)、《现代教学设计论》(盛群力、李志强,1998,浙江教育出版社)、《现代教育技术——走进信息化教育》(祝智庭,2001,高等教育出版社)、《信息化教学模式——理论建构与实践例说》(钟志贤,2005,教育科学出版社)、《大学教育模式革新:教学设计视域》(钟志贤,2008,教育科学出版社)等,或从概念定义,或从基本理论和基本构元,或从应用典例等方面比较详细地介绍了认知学徒制,但它们只是作为一个章节来介绍,目前无认知学徒制的相关专著。

2. 期刊论文和学位论文

认知学徒制由情境认知与学习理论发展而来,以"认知学徒制"为搜索词对中国学术期刊全文数据库(1999—2010年)进行搜索,共有45篇期刊论文和22篇学位论文。近两年对认知学徒制的研究稍有增加,从已有研究来看,理论层次研究居多,理论转向实际应用的衔接研究较少,一部分学者已开始关注认知学徒制在学校范围内的应用问题,对认知学徒制的内涵、特征和价值进行了初步的探索,但极少涉及认知学徒制建构的影响因素和动力机制的研究,建构策略方面也不够具体,实践操作性不强。

3. 理论探讨

目前我国对认知学徒制的研究主要以理论介绍为主。高文教授是第一个引进认知学徒制的学者,他主要介绍了认知学徒制理论与传统学徒制的区别,并探讨了其对教学的意义,指出认知学徒制将在改造传统学校的物资设备、组织形式、教学方法、评价标准等方面,尤其传统学校与社会各行各业的界限方面掀起一场真正意义上的学习革命与教育革命。其弟子陈家刚专访了认知学徒制理论的创建者之一——柯林斯教授,并在其博士论文中专注于认知学徒制研究,对其追本溯源,探讨其学习环境的设计,对国外及国内的案例进行剖析,最后对其进行了评价,为读者呈现了一个完整的认知学徒制。他提出的背景、理论基础、特点、发展脉络,鲜有学者涉及,他所做的工作是没有先例的,为我国对认知学徒制的研究提供了一盏明灯,具有很高的学术价值。在其他的许多文献研究中也可以看到,几乎都或详细或简略地论述了认知学徒制的四个构成元素,反映了学者们对认知学徒制理论的内容较为重视,并试图引起大家的关注及用来改进我国教学实践或其他领域的愿望。

4. 实践研究

研究者多以思辨和理论推演为主,实践研究较少,现存的研究多为结合自己的领域分析该理论有哪些启示或怎样运用,涉及领域有学科教学、师资培训、职业教育、网络教育或远程教学。这些研究中很多为探讨认知学徒制的运用,但没有实验者的干预、设计或效果分析,缺乏有说服力的应用研究,真正意义上的实证研究主要有:张琦运用认知学徒制框架,分析了认知学徒制对促进大学生专业实践能力发展的作用机制,讨论了促进大学生专业实践能力发展的理念和方法,并开发了一个教学模式——导师制下项目驱动教学模式;和美君通过对电子商务专业的学生进行三组之间的对比研究,探索认知学徒制对知识本质的影响;陈家刚分两轮进行了长达一年半的有关认知学徒制支撑的大学英语阅读和写作学环境设计的研究,结果表明,学生的反思性学习和批判性思维能力与学习积极性都有所提高,并促进了自己"准教师"身份的认同。

三、教师教学能力培养与认知学徒制关系研究综述

国外在高校教师教学能力培养和认知学徒制联系方面,具有直接借鉴指导意义的是:为了让新教师形成、获得新的教学、学习理念,更好地促进他们今后持续不断地发展,20世纪80年代后期,美国在新教师的校内培养上启用了新型的师徒培养方式——认知学徒制,注重指导教师与新教师双方高级认知活动的绝对参与,强调双方认知活动的自主与自由,认为这样才有利于双方共同成长,尤其有助于新教师掌握基本的教学常规,促进其自我监控与调节能力的提高,成为反思型实践者。莱夫等人指出,在当今美国,许多领域的学习是以某种学徒模式的形式进行的,特别是在需要高知识高技术的领域中(如医学、法律、学术、职业运动、艺术等领

域）。其"实践—反思"取向的理论基础和实践模式对我们富有启示和借鉴意义。

基于上述文献分析，将认知学徒制的理论框架与我国高校教师教学能力培养进行整合，进一步分析和探讨认知学徒制的本土化应用价值和机制，从培养方式革新的角度思考高校教师教学能力培养的理念和方法，对于认知学徒制和高校教师教学能力培养来说，都具有一定理论意义和实践价值。

第二节　认知学徒制视角下
高校青年教师教学能力培养对策

一、对策一：青年教师导师制

高校青年教师教学能力培养涵盖教师专业发展的入职期（一般为开始从事教学后的 1～3 年或 4 年）和部分在职培养期。对于入职期的培养，目前我国许多高校已实施青年教师导师制，其学习环境与认知学徒制高度相似，从认知学徒制学习环境对青年教师导师制进行建构，有助于从实践角度进一步理解认知学徒制，同时也有利于从认知学徒制的角度优化青年教师导师制，实现实践与理论之间的互动与互补。

（一）青年教师导师制建构

1.青年教师导师制组织体系流程

青年教师导师制作为一项管理制度，应有明确的工作目标、系统的组织体系和内部运行机制。

（1）青年教师导师制培养目标

短期目标：为刚入职的青年教师、其他岗位转入教学的中级职称及以下人员、学院认为需要配备指导教师的青年教师和主动要求指导的青年教师等提供为期 1～2 年的导师制培养，培育出一个大学教师应具备的基本素质和能力。

中期目标：形成一个后劲强、高水准的青年教师队伍。

长期目标：通过校园互助文化的通力合作，形成良性循环的教师发展机制，促进高校教学质量提高。

（2）导师的招募、选拔与培训

面向全校招募、选拔，主要对象为副高以上职称的教师和硕士以上学位且被评为教学能手的讲师，教学名师优先入选；同时，申请者必须具备良好的综合素质，品行端正，治学严谨，具有热情，富有奉献精神，教学科研水平较高。对于选拔出的教师，有必要对他们进行一段时间的集中培训，明确培训目的、任务，不仅让他们可以获得指导新教师的方法，给他们提供相应的理论与技术支持，还能拓宽他们的教学视野。导师要认识到教师的专业发展是一个自我指导的发展过程，学校要强调青年教师与指导教师建立朋友式的师徒关系，为促进新教师独立自主、大胆创新，可在一定程度上鼓励青年教师挑战导师的教学方法、观点。

（3）师徒结对

青年教师导师制原则上采取"一对一"、至多不超过"一对二"的师徒结对协作形式，协作在 2 人（或 3 人）之间进行，时空上可具有极大的灵活性。导师工作职责：帮助青年教师制定发展路线图，确定长期发展方向和近期发展目标；指导青年教师备课，让青年教师明确拟任课程在培养计划和课程体系中的地位与作用，掌握教学内容，向其指出重点和难点，并传授自己的教学经验；有计划地安排青年教师试讲并给予随堂辅导，通过"以示促帮，示帮结合"，达到增强青年教师教学能力的效果；指导青年教师确立科研方向，熟悉科研项目申报程序；与青年教师保持经常性的思想交流、沟通，督促其树立良好的师德师风。青年教师工作职责：协助导师备课、查找资料、随班听课、答疑辅导、批改作业、指导实验、试讲、参加教改项目；协助导师指导学生专业实习、生产实习（见习）、毕业设计（论文）等；了解拟任课程教学工作基本规范，把握各教学环节，能结合课程的内容、特点，运用各种教学手段和现代教学技术，大胆进行教学改革实践；积极进行科学研究。

(4)过程管理和目标考核

过程管理就是定期或不定期地检查青年教师导师制的进程状况,避免有章不循或流于形式,以及时发现实施过程中的问题,它应该成为青年教师导师制实施的重点;目标考核就是在每学期、每学年要求导师和青年教师分别做出相关的书面总结,由学院做出评价和提出改进意见,学院由教学副院长指导,教学办公室负责,及时收缴档案材料。可将过程管理和目标考核分为三个阶段:其一,由系(教研室)负责,年底进行,重点考核制定培养规划、拟任教学科教案编写的质量,跟班听课、课程辅导、批改作业等情况;其二,各学院负责,安排在次学年期末前进行,重点考核青年教师参与讲课、实践环节和教学基础建设情况;其三,学院考核完毕由学校相关部门组织检查验收。

(5)评价与相关奖惩制度

强调正向激励为主,以实现两者之间的良性互动,但对考核不合格的导师,应取消其导师资格。学校设立"青年教师教学优秀奖",针对导师设立"青年教师优秀导师奖",为优秀青年教师和导师颁发证书,并且在晋级、年终考核、评优评先、名师培养等方面予以优先考虑。

2.青年教师导师制内部运行机制

青年教师导师制通过任务驱动,是融备课、示范、指导、实验与教学研究等为一体的综合性导教过程。从随堂听课可以观察到:

(1)学生在课堂中是怎样学习的?是否有效?

(2)教师是如何教的?哪些行为是适当的?

(3)这堂课的学科性表现在哪里?

(4)我的整体感受如何?对自己有什么样的启发?

青年教师在问题求解过程中教学认知能力得到了提升,也丰富了教师专业知识结构(特别是教师的实践知识);通过试讲及导师的指导,青年教师的教学操作能力、教学监控能力均能得到提高;在参与导师的教学与科研项目中教师的教学研究能力得以增强。

3.青年教师导师制中体现的认知学徒制原则

在此过程中,笔者认为认知学徒制视野下的青年教师导师制应体现以下四个机制,也是认知学徒制的灵魂所在,能帮助青年教师建构自己对问题的嵌入式理解和养成专家式思维技能。

(1)内隐知识外显化

现代文明需要人们具备各种技能和知识,而掌握这些技能和知识则需要一种较高层次的智力水平及深入持久的思考能力。导师通过示范某一特定任务,让自己的思维外显,青年教师能够通过观摩示范和接受指导形成和改善自己正在试图执行任务的概念模型,思考问题和解决问题的方式得到修正,并逐渐迁移到其他任务情境中,即青年教师导师制关注的不是概念事实知识的获得,而是重视专家在获取知识或将知识运用于解决复杂现实问题时所关涉的推理过程、认知和元认知策略。

(2)"脚手架"的搭建与拆除

要体现青年教师在导师指导下的动手实践,而不仅仅是接受导师的指导,两者之间必须频繁互动,将各自的思维外显给对方,这样才能提供指导和支撑。导师应注意发挥好"脚手架"作用,在任务的开始,充分做好"专家"准备,在青年教师执行任务时,导师通过观察的方式进行辅导,澄清容易犯错误的地方,补充一些遗漏的重点,对讲解内容的恰当性、讲解语言的清晰度、PPT质量、学生的参与度等,给予反馈、暗示、修正等帮助,并提出新的任务。随着完成任务能力的增强,导师应把更多的责任和控制权交给青年教师,减弱对其支持,逐渐拆除"脚手架"。

(3)反思性教学

教学是一种具有广泛意义的师生之间、生生之间的交往活动,是融知识与技能、过程与方法、情感态度价值观为一体的实践活动。对这种动态生成的实践过程是否能进行反思,往往在很大程度上决定了教师专业化成长的水平,对实践进行反思能使学习者在交流思想和感情的组织文化环境中迅速成长。导师帮助青年教师提高认知技能,使他们将自己的思维和问题求解过程与专家、其他优秀教师进行比较,通过反思建构特定问题求解模型,以修正自己的问题求解过程,让思维方式及推断结论方式得到永久性的改变。

(4)实践共同体

许多青年教师因缺乏和教师同伴的交流、协商和研讨以及课堂观察、集体备课等活动而错过了自己专业发展的重要适应生存期。认知学徒制视野的青年教师导师制由青年教师和导师组成实践共同体,青年教师入职初期的实际问题和困惑都可以及时便利地在这里得到解决,导师可随时对青年教师的教学设计进行指导,这种实践共同体是自然形成的,且能促进教师的专业发展。即青年教师导师制实践创造了潜在的"课程",这种课程使青年教师通过合法的边缘性参与专家实践文化,青年教师直接看到"专家"的活动并参与不同水平的专业技能的作业,可以迅速获得进步,为成为真正意义上的专家奠定良好的基础。

(二)青年教师导师制的意义

1.教学相长,优化师资队伍

青年教师导师制的实行不但有利于初任教师站稳、站好讲台,青出于蓝而胜于蓝,而且还是促使导师不断提高自身水平的催化剂,教学相长中"长"字解释了青年教师导师制双方互动交往的方向和积极结果。

2.对导师制、助教制的有效整合

随着高等教育规模的不断扩大,高校教师资源短缺,许多高校导师制和助教制有名无实,一些大学要么侧重实施导师制放弃助教制,要么实施助教制忽视了导师制。青年教师导师制是对"二制"的有效整合,即师徒协作的过程为助和导的过程,助和导是互为一体的两个方面,相互作用、相互促进,两者角色不同,目的一致。教师如果没有"助教"经历就直接讲一门课,是很困难的,这会为此后的从教生涯留下挥之不去的阴影,长此以往,人类的知识和经验可能因教学而"流失",学校所培养的人才在知识积累方面可能一代不如一代,面对当前许多高校"助教制"已名存实亡,"二制"合一的青年教师导师制具有积极的实践意义:一方面协助导师备课、带实验、批作业等,参与导师的教学活动,积累教学经验,提升教学认知;另一方面为拟任的课程做好积极准备,可得到作为一个大学教师的初步训练。"开头不可太急。"它会让以后的工作变得平静而有创造性,既不紧张也不仓促,能让青年教师清楚地看到自己最需要做的事情,增强青年教师入职信心并为以后职业发展奠定良好的基础,其实这是一个积极等待、酝酿、厚积薄发的过程。

3. 有利于进行深入学习和迁移

认知学徒制符合认知科学和脑科学中"人是如何学习的"最新研究,有利于进行深入学习和迁移,苏泽关于人脑是怎样学习的研究对此提供了进一步的佐证。

研究充分说明了发生在应用情境中的学习可能导致更好的实践。通过认知学徒制视野的青年教师导师制,青年教师可获得比理论培训和个人阅读高得多的保持率。

(三)青年教师导师制实施困境

1. 单一导师的局限性

"教学有法,但无定法。"前半句指的是教师实践不能离开基本的规范,后半句则强调教师实践的动态生成性,任何方法、规范都属于这个性质,显然,这句话的重点在后半句。青年教师较长时间地接受一个导师的指导,很难形成自己的教学风格,这种封闭、单向的导师制亟待转型,要用一种开放、合作、师徒相互促进的充满活力的导师制来取代,也可考虑采取轮换导师、成立导师组等措施予以解决。

2. 重启动,轻"督、导、评"

目前许多高校对青年教师导师制的监督比较松散,执行流于形式,导师工作好与坏一个样,重启动,轻考评,缺乏必要的过程管理环节,过程和目标等观测点的考核指标体系不够科学,使青年教师导师制很难达到预期的效果。

3. 激励机制不完善

在社会交换过程中,人们普遍存在着公正性期待,知识的分享者在公开自己个人知识的同时,也希望受惠其中,如果对方无力提供更多供分享的知识,则要通过一定的情感表达或者制度设计使知识分享者能够获得一定的物质或回报,维持交换过程中的平衡。目前,专家型教师教学经验的分享不够充分,无论是物质上还是精神上,都没有形成足够的激励机制。

(四)青年教师导师制实施的保障措施

1.政策上的激励

青年教师导师制的实施在一定程度上意味着将原本属于其个人的知识财产公有化,其知识传承需有政策上的激励。应对导师给予职称评聘、工作绩效、评奖评优等方面的支持与鼓励,从而为青年教师导师制的健康发展营造具有竞争性的政策环境。如学校将青年教师指导工作纳入教师岗位聘用要求,申请教授及关键学术岗位者原则上需有指导青年教师的经历;为调动教师参与教改项目的积极性,学校应确立"教学与科研同等对待""教改研究与科学研究同等对待""教学成果与科研成果同等对待""教学名师与学术大师同等对待""教学团队与学术团队同等对待"的观念,并将其贯彻到职称(职务)聘任、聘岗晋级、绩效考评的各项政策中。

2.经济上的保障

一种职业必须能为其从事者带来与这一职业在整个社会生活中所发挥的功能的重要程度相应的收入和声望,否则人们就不会为这种职业付出足够的努力,不愿承担足够的责任,甚至会弃之而去。根据激励期望理论,只有当导师的指导工作和所得报酬之间有明显、可见的实际联系,并且获得的报酬是满足其需要的一种方式时,激励才有可能发生。因此应给予导师一定的津贴并对优秀导师实施物质奖励。

二、对策二:教师合作团队制

青年教师导师制使入职教师通过导师的指导感受学校文化、迅速融入教学工作环境,然而这种培养模式也有其不足,如过于依赖导师的个人作用,依靠导师的尽心尽职,但现实中难免有些导师履行职责不够,形式化倾向严重,也缺乏对导师进行应有的专门培训,其带教能力和方式不尽相同,而且青年教师对认知学徒制及自身不同成长阶段的需求也有不同的看法,因此在保留青年教师导师制的基础上,力图创造条件,让青年教师融入团队并在其中获得成长,即建立教师合作团队机制。

(一)教师合作与教学团队建设

1.教师合作内涵

教师合作主要是教师间的一种人际互动方式或关系形态,是被作为谋求教师成长和学校教育改革的一种手段或策略。从形式上看,包括自然合作形式和人为合作形式。

自然合作是一种理想的合作方式,但由于高校教师在学科、学术领域和层次上的差异,完全自然的教师合作缺乏应有的组织引领和规划,是难以维系和深入发展的。目前高校教师的合作是在合理地吸纳自然合作和人为合作文化基础上的一种具有包容性的教师合作,体现出教师的自愿、自发、自主,又不排除合理地控制、计划和组织安排,是在充分尊重教师自愿、自主的前提下,结合相应的规章,在教育实践中发展起来的一种旨在提升教师群体科研能力及教育教学质量,促进教师专业发展的一种开放性、规范性与共享性的行为和关系方式。教师合作方式有:教师集体备课、项目驱动、课题合作、师徒教育模式、教学团队建设等,其中教学团队是在高校影响较大的教师合作实践形式之一。

2.教学团队建设

继"985 工程"和"211 工程"之后,2007 年,教育部、财政部颁布了《关于实施高等学校本科教学质量与教学改革工程(简称"质量工程")的意见》,对其中六大举措之一"教学团队与高水平教师队伍建设"的解读是:"加强本科教学团队建设,重点遴选和建设一批教学质量高、结构合理的教学团队,建立有效的团队合作机制,推动教学内容和方法改革与研究,促进教学研讨和教学经验交流,开发教学资源,推进教学工作的老中青相结合,发扬传、帮、带的作用,加强青年教师培养。"因此教学团队概念可界定为:以学生为服务对象,由教学任务相近的教师组成,有合理的知识结构和年龄结构,以及有效的沟通与合作机制,以教学内容和教学方法的改革为主要途径,以系列课程和专业建设为平台,以提高教师教学水平、提高教学质量为目标,实现携手前进的教师群体。让青年教师融入教学团队,可以产生"火炉效应"——即团队的协作、良好的学术氛围、前沿课题研究,就是青年教师快速成长的"旺火炉",青年教师教学能力可以得到快速提升。美国早在 20 世纪 50 年代中期就在中小学和大学推行团队教学,据估计,80%的美国高校和中小学实施了团队教学,我国于 20 世纪 90 年代后期在一些高校开始组建教学团队,进行团队教学的探索,但高水平教学团队数量不多。

(1)教学团队提出的理论基础

①团体动力理论

团体是通过人们相互交往、相互联系、相互影响而形成的为达到共同的目标,满足共同的需要,以一定的社会活动方式和一定的社会规范联系在一起的一种组织集体形态。教学团队属于一种团体组织,通过团体的社会交往,能够发挥团体、个体所不能发挥的效能。美国心理学家勒温提出了"团体动力学"理论。他用场理论和力学理论概念,说明团体成员之间各种力量相互依存和相互作用的关系,认为团体不是个体的简单总和,而是大于个体的总和,团体对个体能产生巨大影响,个体在团体中会产生不同于在个体单独环境中的行为反应效果。

②学习型组织理论

美国管理学家彼德·圣吉提出的"五项修炼"是学习型组织的代表性理论。他认为,当前企业组织越来越复杂,任何企业组织要想在竞争的社会中立足和发展,就要运用组织中每一个人的学习能力。他把学习型组织的特点归结为五个方面:一是系统思考,即从整体来看一个组织。二是自我超越。搞清自己的长处和短处,不断地克服自己的缺点。三是改善心智模式。心智模式是所拥有的信念,这些信念帮助我们理解环境并帮助我们行动。四是建立共同的愿景。我们需要把一个人的愿望整合为共同的愿景,以激励组织成员为此奋斗。五是团队学习。团队成员之间通过"对话",相互协调、相互学习,从而达到组织学习和创新的目的。学习型组织的根本手段在于学习,团队学习不同于个体学习的最重要的特征就是其交互性,每个成员从其他成员那里接受增强回馈,这样每一位成员的心智系统得到更新,使其心智呈现流动性,相互强化各个成员的学习效果。

③心理学视角——共生效应

共生效应是一种社会心理效应,指个体与个体,或个体与群体间相互依存、相互鼓励的社会心理现象。每个人虽然是独立的生物和社会实体,但却不能孤立存在,需要在由人群构成的外环境中生存和发展。依靠这个外环境,人们或抵御某种侵扰,或孕育某种思想,或协调完成某些活动,每个人都离不开他人,而每个人又都是他人生存和发展的条件。

(2)教学团队建设内容

教学团队建设是"本科教学质量与教学改革工程"的一项具有创新性和前瞻性的子工程,作为一种新的教学组织形式,总是以一定的行为方式为载体借以实现改革目标,即教学团队建设内容的。

①专业建设

专业是高校人才培养的载体,每个专业都有明确的培养目标、范围、内容、重点、要求等,教学团队建设要紧紧围绕学校专业进行建设,专业建设旨在使学生掌握必要的专业知识和专业技能,了解本专业最新研究成果和发展趋势,重在专业理论、基本规律的教学和实践能力、实验技能的培养,为学生的专业特征提供支撑。

②课程建设

既指系列课程建设也指某一课程的建设。高校课程是一个门类多样、体系复杂、数量庞大的集合体,包括了多样化的教学活动体系,它服务高等教育的目的和人才培养目标,如果不能对其内涵和结构有一个明确的认识,就很难开展教学活动。课程建设是学校教学工作的重要组成部分。

③教育教学改革

教学团队要根据社会赋予的新时代人才特征的要求,更新教育思想,改进教学方法,并掌握现代教学技术,以适应教学内容的逐渐丰富与学生需求的多样化。联合国教科文组织提出了 21 世纪培养人才的目标为"做人、做事、合作、创新",即 21 世纪需求的人才首先是学会做人,在学会做人的前提下才能学会做事,要想把事做好应学会与他人合作,只有善于与他人合作,才能不断创新。另外,更需要开展人才培养模式、培养方案、教学质量标准、教学内容、考核方法、教学评价等方面的学术研究,促进教学质量的不断提高。

④师资队伍建设

组建教学团队就是要提高教师素质,要注重选拔具有较深学术造诣和创新性学术思想,坚持在本校教学第一线授课,品德高尚、治学严谨,具有团结、协作精神和较好组织、管理和领导能力的团队带头人。教学团队由不同年龄、职务的教师组成,有利于优势互补,有利于发挥教学名师的示范作用,对青年教师进行培养,特别是对那些有发展潜力、热爱教学工作的青年教师进行有目的、有计划、有重点的培养,加速他们的成长。

⑤团队机制建设

课程教学是人才培养的载体,课堂是人才培养的主阵地,教学团队要明确提出所承担课程教学质量的具体目标,确定团队在备课、课堂教学、教学评价、团队规划、教学资源共享、考核与评价等方面进行沟通与合作的机制,倡导和培育成员共同认可的团队精神。就集体备课来说,通常由一名教师执行集体的备课方案,其他成员进行观察和反思,即使教授同一课程的教师,在教学内容处理、教学方法选择、教学整体设计等方面的差异也是明显的,这种差异是一种宝贵的教学资源,在团体评议的基础上,课被重新设计,变得更加科学和完善,有利于达到教学目标并促进教师专业发展。

不管是构建哪种类型的合作团队,其中最基本的要素是要将教师团队建设成为一个专业学习共同体或学习型教师团队,一支缺乏学习精神的团队是无法真正成为合作团队的。同时,教学团队建设也是弱化院校科层制管理的一种新型教师组织结构,使教学团队成为教师平等交往和对话的场所。

(二)教学团队体现的认知学徒制要素

教学团队建设中体现的认知学徒制要素分析(以精品课程建设为例)——青年教师视角:

课程是教学内容体系的基本单元,课程建设是教学改革与建设的核心任务,精品课程是具有一流教师队伍、一流教学内容、一流教学方法、一流教材、一流教学管理特点的示范性课程,分国家级、省部级、本院校三种。精品课程建设是一种系统性和持续性的行为,需要以团队合作和薪火相传的方式出现,教师无论是职称、年龄、学历等各方面的搭配都应是合理的,具有可持续发展的潜力,这为青年教师提供了发展平台。

1.从"内容"维度上看

精品课程建设的核心是教学内容,重点是建设一支高水平的教学梯队、编写一个革新的教学大纲、撰写一套先进适用的教材、完善一套新的教学方法和教学手段、建立一套行之有效的考核办法。需要经过团队成员一起充分、反复探讨和研究,集思广益、精心组织,另外还需要有一些科研成果的支撑、教学技能的展示、教学方法的创新、教学内容的完善以及教学课件的制作。团队成员无论是学科带头人、课程主讲教师以及其他参与教师尤其是青年教师,都要掌握相关领域知识,这一过程将涉及控制策略和学习策略的获取,以及对整个过程的反思和监控,即元认知策略。

2.从"方法"维度上看

建设高水平的师资队伍是精品课程建设的重中之重,评估指标中,"教学队伍"排在第一位,且从 2003 年精品课程建设启动以来其权重一直保持不变(占评价指标 20%)。课堂教学质量不仅是衡量教师教学水平的重要指标,也是一门课程真正成为高水平精品课程的关键,因此,精品课程的主讲教师尤其需要学术造诣较深、具有丰富授课经验的教授担任,这对青年教师会起到示范作用。精品课程建设也注重对青年教师的培养,在教学方面青年教师能够得到骨干教师或专家的指导。团队要持续地进行决策和协商,成员带着自己的经验和智慧进行积极交流,清晰表达各自的观点,共同研习,比如决定应该掌握哪些知识和技能,才能使目标顺利进行,许多相关推理的过程(即内隐的知识)在清晰的表述和交流中得以外显,青年教师能够源源不断地得到熏陶和训练,形成和改善自己正在试图执行任务的概念模型,使教学被重新设计。通过反思,青年教师可向团队其他教师展示自己的教学智慧。

3.从"顺序"维度上看

精品课程建设要具有特色和一流教学水平,青年教师在教学设计(重视研究性学习、探究性学习、协作性学习等现代教育理念在教学中的应用)、教学方法(能灵活运用多种恰当的教学方法,有效调动学生积极参与学习)、教学手段(恰当、充分地使用现代教学技术手段促进教学活动开展)等环节的思考和运用,体现了探究中复杂性的递增。在目标实施之前,他们首先要产生关于这一课程的设计思路和蓝图,对最终的成品建立一个大致的概念模型,这体现了全局技能先于局部技能,随后在不断改进过程中,成员要分析、反思、假设、检验等,必然涉及更加多样化的策略和技能,这体现了多样性的递增。

4.从"社会性"维度上看

教学团队建设形成一个工作场域,其成员在真实的情境中学习,青年教师通过与团队负责人、学科带头人、骨干教师进行密集的交互,学会探究所需的各种知识和技能,思想被唤醒,这种日常交流胜过独自一人在无人反应的空寂中思索。青年教师能在对他们的教学与科研的憧憬中看到自身的价值,激发出求知、解决问题的欲望,从而设定个人目标去寻求技能和解决方案,这便是认知学徒制的重要构建之一——实践共同体。青年教师投身于不同人员所组成的实践共同体中,行走在多元的背景中,教师之间的这种差异便是一种丰富的教学资源。团队成员通过行动、思维及互动对话产生认知,提出解决问题的不同方式,对青年教师来说,既是为教学团队实践做出贡献,同时自身的专业素养和教学水平也得到了提高。通过合作解决问题进行的学习既有强大的内驱力,也是拓展学习资源的有效机制,每个人都有不同的技能和专长,大家共同合作,发挥"1+1>2"

的作用。

(三)教学团队建设存在的主要问题

我国高校有关教学团队建设的研究和实施尚属起步阶段,各高校的教学团队大多是在原先课题组或教研室的基础上发展而来的,实践中存在的问题主要有以下几个方面。

1. 教学团队合作积极性不高

"以个人科研绩效为基础的考评制度"存在着重科研、轻教学的偏向,教师为了职称评定、年终考核,把更多的精力放到科研这样的硬性指标上,对教学工作无法量化的考核,使大部分教师不愿将时间、精力更多地放在教学上。因此教学团队建设过程中教师缺少团队协作意识,教师的工作基本处于孤立的、封闭的状态,即使教学中出现了问题和困难,也碍于面子不愿请教其他教师,更谈不上交流与合作。并且,现有的一些教学团队往往只有计划而无实际行动,教师参与积极性不高,在这样的氛围中教师的合作是消极的。教学团队是一种伴随着情感融通的思想"共谋",目前学校一些教学合作团队是学校落实上级精神的标志,自然也就成为教师被动履行的行为义务。

2. 教学团队缺乏有效运行机制

教学团队的带头人首先应是教学能手,熟知教学改革的方向;其次是科研能手,最起码要达到中等以上的水平,掌握科研的前沿动态,能够引领教学团队进行教学改革、统一备课、编制教材和教辅资料、组织成员之间的相互学习、给予青年教师正确的指导,促进教学团队的合作。目前高校具备这些基本条件的教师并不多,且一些带头人将精力更多地用在团队之外,以便争取更多的科研项目,赢得更多的外部支持和资源,而对于团队内部管理往往重视不够。带头人必须投入一定的精力制定规章制度,包括组织纪律、资源配置、岗位职责、绩效标准等,以制度约束引导团队成员的行为取向、业绩目标,调控内外资源。合理有效的管理才能使整个团队积极向上,才能使团队成员和谐一致地完成团队目标。

(四)教学团队建设保障措施

团队或团队工作模式是未来学校教学研究的一个基本特征。在国外,教师的团队工作是推进课程教学的重要方式。国际上提出的"同伴互助",提倡教师共同工作,形成伙伴关系,通过共同研习、示范教学,以及系统的教学练习与回馈等方式,彼此学习和改进教学策略,提升教学质量。教学团队是教师合作团队比较有代表性的实践形式,任何一个团队只有在文化、制度和经济等保障机制的共同作用下才能正常地运作并体现出应有的价值。

1.教师文化建设

教师文化是在教育教学活动中形成和发展起来的价值观念与行为方式,对高校而言,比制度更为重要的也许是文化建设,当学校形成一种以教师之间的合作为核心的文化时,学校就会成为一个真正的学习共同体,教师之间的互帮互助便会融入教师日常专业生活之中,成为日常专业生活的自然组成部分。此外,学校也应改变学术文化,把教学作为高校使命的主要组成部分,营造重视教与学、师生交流的高等教育和高校的学术文化氛围。一旦把教学也确立为一个学者的内涵,教师在规划和反思其职业生涯的发展方向和意义时,一定会把教学也考虑进去。

2.教学团队的制度保障

改善高校的制度环境,是鼓励教师组建教学团队、充分发挥教学团队作用的重要前提。目前,我国高校内部的权力配置是一种以行政权力为主导的科层等级管理模式,权力的重心偏上,行政权力泛化,学术权力较弱,各种学术组织基本上听命于行政机构。这种模式虽然有利于统一指挥和提高决策效率,但不利于调动基层组织的积极性,削弱了教学团队的自主性和独立性。因此,对我国高校的改革应当理清行政性事务和学术性事务,并确立和尊重学术权力的地位,给予教学团队充分的管理权和自主权。

3.教学团队的经费保障

相对的物质资源供给和必要的经费保障是教学团队建设要解决的关

键问题。学校要在政策层面高度重视教学团队建设工作,对于遴选出来的优秀教学团队要给予专门的经费拨款,并给予团队较大的经费使用自主权。与此同时,把教学团队与现有的学科专业建设、课程建设、实验教学基地建设结合起来,并把是否拥有优秀的教学团队作为衡量这些项目建设成效的标准之一,从而为教学团队建设提供必要的经费支持。

三、对策实施总结

实施认知学徒制视野的青年教师导师制、教师合作团队制培养青年教师教学能力,是对传统教师培养方式局限的突破,一方面能够有效利用本校知识资本和无形资产,激活教师合作文化,另一方面能够改变传统培养模式过于注重掌握静态和封闭的教育原理与知识、理论与实践相脱离的弊端。根据教师专业的特性,比如在场性、不确定性和价值性等特征,对教师教学能力的培养更适于建构主义方式,认知学徒制主张学习者在任务情境中,通过与环境的互动主动构建知识,并参与专家行为。青年教师导师制、教师合作团队制构建的学习环境是真实的,通过对青年教师进行实践所需的高阶思维、问题求解和处理复杂任务的能力训练,青年教师的教学能力会随着本领域问题的求解和任务完成的实践而得到提升,从而可以缩短自己实践摸索的时间,早日成为专家型教师。

第五章 "双师型"教师培养方法与模式构建

第一节 "双师型"教师的培育方法

加强师范性教育培训,是提高"双师型"教师教学水平及教学能力的有效途径;开展教学方法交流及讲课比赛等活动,也是提高"双师型"教师教学能力和保证教学质量的有效措施。

一、强化培育意识

(一)突出培育核心内容

1.教学能力培育

现代职业教育的培育目标是技术应用型人才,所以在课程设置及教学模式上也应以此为主线。学生的技能培育是通过实践教学来实现的,而实践操作中涉及的使用原理、问题分析等又需要专业理论知识的支撑。课程设置与教材选用也应该具有理论知识适度、技术应用能力强、知识面广泛的特点。教师在设定教学内容和方法时,更要注重将理论教学与工作实践紧密结合,使学生能学以致用。这一过程可视为"双师型"教师教学能力的自我培育。

2.实践能力培育

现代职业教育一般实践性都很强,"双师型"教师在教学过程中除需要重视理论教学外,还必须加强实践教学,注重培养学生独立思考、分析和解决问题的能力。这也必然要求"双师型"教师具有丰富的岗位实践经验。但在传统教育体制下,培养的教师虽然具有丰富的专业理论知识,却未必了解企业生产、管理的实际,缺乏组织学生进行专业实践活动的经验和技能。

现代职业教育"双师型"教师培育应把实践能力培养作为重要内容。加强"双师型"教师定期实践培育,并以制度进行规范,这是提高"双师型"教师实践能力的有效途径。院校应加强与企业的紧密合作,互通有无,实现资源共享和互补。例如,可以将具有丰富理论教学经验的教师有计划地送入企业实践锻炼,使知识结构随技术发展及时更新;还可以面向社会及企业聘用实践经验丰富的专业人员担任兼职教师,促进学术型和技能型的教师相互转化。

3.科研能力培养

积极引导教师开展科研,是建设高质量"双师型"教师队伍的重要保证。现代职业教育"双师型"教师培育应开辟出有自己的特色道路,不能盲目向普通高校靠拢,应将重点放在如何培育"双师型"教师的方向上。"双师型"教师必须具有一定的科研能力。通过进行科学研究,"双师型"教师能够提高其自主创新能力,在拓宽视野的同时,加深对教学内容的理解,使知识结构及时更新,提高自身的综合素质。科学研究内容反映了本学科的前沿动态,这也有助于教师在教学过程中改进教学方式、更新教学内容,拓宽学生的知识面、提高教学质量。

(二)精心设计培育课程

国家培育计划应精心设计现代职业教育"双师型"教师培育内容,开设系统培育课程,有效提高现代职业教育"双师型"教师的综合素质,促进"双师型"教师队伍建设。

1.培训体系完整化

"双师型"教师参加各基地的国家级培训,在时间和课程安排上都有相对统一的规定,各基地严格要求参培教师完成培训的所有课程,以确保培训目标的实现。

"双师型"教师需要具备教学创新能力和教学研究能力,没有系统化的理论知识,教学创新能力和教学研究能力将无从谈起。因此,系统化的理论知识在系统培育课程中不能省略。它有助于"双师型"教师在职业教育人才培养中，用研究者的眼光去发现问题、解决问题，提高对本专业领域问题深度研究的能力。

传授系统化的理论知识是系统培育课程的优势，为保证专业理论的系统化培训，应认真制定"双师型"教师培育方案，抓紧课程和教材开发工作。统一开发出来的培育课程和教材需要不断完善与充实，以保证"双师型"教师培育的专业理论知识培训。

2.技能知识实践化

除了系统化的专业理论知识培训外，"双师型"教师将理论知识应用于实践、提高解决实际问题的能力在培育中同样重要。要积极促进"双师型"教师专业理论和技能水平的同步提高，这也是现代职业教育"双师型"教师培育与普教教师培训最根本的区别。

3.教育理念国际化

参加现代职业教育"双师型"教师培育，能使"双师型"教师视野开阔、教育理念更新、职教信心增强。系统培育课程使他们学会了用分层法给学生上课，用欣赏法鼓励学生，用以生为本的思想尊重学生。现代职业教育"双师型"教师培育可以通过专题讲座等形式来实现，聘请国内外职教研究专家介绍国内外职业教育办学模式、教学模式和教学方法，引导"双师型"教师形成国际化的职业教育理念。

4.教学手段现代化

教学手段现代化是所有教育类型在现代化教学进程中的必然选择。进入21世纪以来，在国家大力发展职业教育的方针政策下，各高职院校尤其是示范性高职院校的硬件建设取得了十分可喜的成绩，现代化的多媒体教学设备被广泛运用，各种教学课件的制作软件也应运而生。如何选择和使用好这些设备和软件，增强学生的学习兴趣，提高教育教学质量，是现代职业教育"双师型"教师培育中普遍面临的一个问题。

现代职业教育"双师型"教师培育方案应安排一定学时的备课、说课及教学演练环节。每位参培的"双师型"教师把自己在教学中的专长、绝活和经验,通过课堂教学实践或经验交流会等方式向大家展示,互相启发、共同提高,以提升"双师型"教师教学手段现代化的能力和水平。

(三)充分发挥培育优势

职业技术师范教育兼具师范教育和职业教育的特点,是我国高等教育领域中的特殊群体,多年来为国家职业教育提供源源不断的师资,为职业技术师范教育的发展不断开辟新的道路。而今,他们也应成为现代职业教育"双师型"教师培育的主力之一。

职业技术师范教育是高等教育系统的组成部分,但又有不同于其他高等教育的特殊属性,人才培养的学术性、职业性和师范性是其本质特征。对学生(此时的"学生"毕业后即是走上职业教育岗位的"教师")进行抽象系统的学科理论培养,让学生掌握某一专业的高深专门知识,即"学术性";因毕业后从事职业教育工作,所以职业技术师范生必须熟练掌握某一职业或技术的操作规范与技能,即"职业性";日后从事职业教育需要掌握教育与教学工作的知识与技能,因而必须学习教育学、教育心理学及专业教学法课程,称为"师范性"。学术性是理论基础,职业性是实践要求,师范性是最终目标,三者相互交叉、相互渗透、相互促进,共同构成了一个系统的职业技术师范教育体系,可以为"双师型"教师培育积累极为丰富的经验与研究成果,储备大量从事职教师资培养工作的人才资源,形成现代职业教育"双师型"教师培育的特殊优势。

这些优势包括:第一,"双师型"教师的专业精神。包括爱岗敬业、热爱学生,对教师职业的自尊自信,注重"动手动脑,全面发展"的教学思维以及对职业教育深刻的认识。第二,"双师型"教师的专业知识。包括学科知识、教育心理类知识、组织管理类知识及其他综合性知识。第三,"双师型"教师的专业能力。职教师资的专业能力不是他们在某一门技术或学科方面的专业能力,而是其作为技术或学科的传授者,作为一名教师所应具备的教育教学方面的能力。第四,"双师型"教师的实践能力。突出表现为实训教学中的技能指导能力、与行业发展实际相结合的技术跟踪能力以及实际操作开发能力。

鉴于职业技术师范教育在培养职教师资方面的独特优势,在大力发展职业教育、提高职业教育办学质量的新形势下,更应积极发展职业技术师范教育事业。职业技术师范院校应坚持多年形成的敢于创新、大胆探索的办学风格,继续创新现代职业教育"双师型"教师培育模式,培育更多、更高层次的职业教育需要的,既能讲授专业理论又能指导学生实践的"双师型"教师,更好地发挥在培养职教师资方面的骨干和示范作用。同时,要急国家之所急,想国家之所想,努力为中西部和边疆民族地区培养"下得去、留得住、教得好"的现代职业教育"双师型"教师,体现其不可替代的特殊作用,为现代职业教育发展做出贡献。

因此,特别需要建立支撑现代职业教育"双师型"教师教育的国家制度和培养体系,突出职业技术师范院校对于现代职业教育"双师型"教师培育的特殊优势。

(四)建立健全激励机制

建立健全激励机制,是促进现代职业教育"双师型"教师培育的重要策略。心理学理论认为,人人都需要激励。个体在适合于本身需求的外部刺激下,会产生一股强大的自动力,这种自动力是个体积极性的源泉。而激励的最大作用则是激发"双师型"教师的潜力。"双师型"教师队伍的质量提升,除了依靠常规管理措施外,还应该通过激励机制,将提高"双师型"教师质量水平转化为其本人的内在需求。由于"双师型"教师是在理论知识和实践能力方面造诣都较深的教师群体,承担着较一般教师更为繁重的工作任务。因此,应加大"双师型"教师培育的激励力度,制定"双师型"教师培育的奖励政策,使"双师型"教师在职称晋升、出国培训、工资津贴等方面享有相对优厚的待遇,以保证"双师型"师资队伍的稳定,同时也便于吸引更多优秀人才投身现代职业教育,更好地促进"双师型"教师队伍建设。尤其在职称、职务晋升方面,要充分发挥职称评审、业绩考核的导向作用,根据现代职业教育"双师型"教师的特殊性,出台"独立的"职称评审标准,制定独立的考核办法,把技能考核作为现代职业教育"双师型"教师职称评审的主要指标,适当调整学术标准,真正体现现代职业教育对"双师型"教师的培育要求。学校要设立"双师型"教师津贴等激励机制,促使更多教师成长为"双师型"教师。应尽可能将单位整体利益与"双师型"教师的个人利益挂钩,让他们清楚地感觉到单位的兴衰对自己前途、利益的影响,以调动"双师型"教师的潜力。为了鼓励和支持"双师型"教师自觉学习实践,尽快提高"双师"水平,学校可实行以下奖励办法:教师到企业进行提高双师水平的顶岗实践,核定给一定数量的工作量;教师参加提高"双师"水平的学习培训费用由学校全额报销;教师考取"双师"性质的技能技术证书,发放一定的奖金;"双师型"教师上课,在相同情况下,课时酬金提高一档;各系每建成一个"双师型"教师培训基地,学院给予适当的奖励并划拨给实训基地一定的运转经费。

(五)制订双层培育计划

学校与教师双层各自拟订培育计划,是促进现代职业教育"双师型"教师培育的重要策略。

1.教师拟订个人培育提升计划

教师必须制订个人的、具体的、有可操作性的双师素质培育提升计划,写明每学期在什么时间进行技能技术的学习和实践及预期达到的目标。培育计划必须经教研室讨论、系主任审核,严格执行。

2.学校拟订培育计划

学校拟订的现代职业教育"双师型"教师培育计划,必须包括以下主要内容。

(1)总体目标

为适应地区产业发展与产业升级,满足学校专业调整和优化的需要,坚持以人为本、自培为主的思想,多途径、多形式地提高专业教师专业技能,以满足任务引领型项目教学模式下的新一轮课程教学需要,全方位地促进每一位教师的专业化成长,努力建设一支专兼结合、素质优良、结构合理、特色鲜明、高质量的"双师型"教师队伍。

(2)具体目标

诸如学历达标任务、全员培训任务、骨干培训任务、拓宽渠道任务、提高技能任务等。

（3）具体措施

包括加强师德建设、开展校本培训、建立专业教师实践制度、加大骨干教师培育力度等。

二、优化培育环境

现代职业教育"双师型"教师培育直接决定着现代职业教育发展的规模、速度和人才培养的质量，加强"双师型"教师培育是办好现代职业教育的一项战略性措施。拓展培育空间是优化现代职业教育"双师型"教师培育环境的重要举措。

拓展现代职业教育"双师型"教师的培育空间主要从以下两个方面着手。

（一）拓展现代职业教育"双师型"教师专业成长空间

"双师型"教师的成长与发展是其职业理想、职业道德、职业情感、职业能力不断走向成熟的过程，是作为社会成员的教师从接受教育的学生，到初任教师，到有经验的、成熟的"双师型"教师，直至有成就的教育家的持续过程。为了提高教师地位和质量，教师成长与发展的主题已日趋集中在专业化方面。

"双师型"教师的专业化发展大致可分为以下三个主要阶段。

1. 开启阶段

教师任教伊始，适应期的长短（一般在1~3年）或成效的大小主要取决于学校环境与个人努力程度。学校环境主要与学校的校风、教风和学风有关。"双师型"教师的个人努力一般可从下述几方面入手：学习并熟悉本专业教学大纲（或课程标准）和教科书；熟悉学校教育教学环境，寻找可利用的相关课程资源；向经验丰富的教师学习；练习备课教学、评价等教学基本功；熟悉实践（或试验）所需示范操作的技能；利用现代传媒作为教学手段等。

2.成熟阶段

这一阶段往往持续时间较长。在这个阶段,"双师型"教师积累了一定的教育教学实践经验,特别关注学校制定的教育教学任务目标的达成,并开始取得初步的教育教学成果,期望专业职称的晋升,争取更多的外部评价。这一阶段"双师型"教师努力的主要方向是:对教学大纲(或课程标准)和教科书进一步领会;独立备课与设计教学,开始对教学有批判性的反思;总结教学经验与校内外同行交流、研讨;熟练使用现代教育技术手段辅助教学;开始认识到邻近学科对于理解本专业的内容也是重要的,并寻求它们与本专业的结合点等。这一阶段是"双师型"教师专业化成长的关键时期,是他们专业信心得以树立的时期,也是他们形成教学风格和特色的奠基时期。

3.发展阶段

这是那些具有不懈追求精神的"双师型"教师专业化成长的最高境界。他们已经走过关注目标和追求外部认可的阶段,进入形成风格、追求特色、自我超越或自我实现的新阶段。集中表现为对教学大纲(或课程标准)和教科书有独到的研究和见解,并能结合实际灵活使用教科书;教学设计从学生的实际出发,不拘一格;关注学生的全面发展,并能重视学生的差异性,引导学生确定职业生涯规划,充分挖掘每个学生的潜能;能对教育教学实践进行深刻的反思和自我调节,并将丰富的教学经验提升到教学实践理论;在教育教学某一方面形成具有品牌效应的个人风格或特色;总结有特色的教学经验或撰写较高水平的论文,并对推广自己的教育教学成果具有强烈的自信心等。

当然,上述三个阶段只是理论上的大致划分。其实,"双师型"教师专业化成长是一个连续的过程,并无绝对的界线,而且"双师型"教师职业生涯也并非总是积极的成长过程,其间也会有停顿、低潮,甚至会出现职业倦怠、不思进取、得过且过、抗拒变革等现象。这表明"双师型"教师的成长与发展的过程是复杂的、动态的,是"双师型"教师个体回应各种影响因素的互动过程。现代职业教育"双师型"教师培育应依据"双师型"教师成长的规律及特点,努力拓展其培育空间,给予适时而有力的帮助、教育,促进其自我教育,以发掘其潜能,促进"双师型"教师的成长与发展。

(二)拓展现代职业教育"双师型"教师培育过程空间

现代职业教育"双师型"教师培育必须努力拓展培育的过程空间,主要在其职前、入职、履职三个阶段加以全程拓展。

1.职前培育阶段:严格选拔

国内外大量研究表明,"双师型"教师的"先天素质"对他们日后的卓越表现起着一定的先决作用,许多"双师型"教师的一些个性品质和特殊能力在进大学之前就已初步具备或基本形成。因而,必须严把职业教育师范生的录取关,选择那些有志于职业教育且具备一定教师职业素质潜能的学生。

2.入职培育阶段:校本培训

新教师入职初期在角色适应上会遇到一系列的问题,应由具有丰富教学经验的老教师一对一地加以指导,使新教师更好地解决教师角色适应过程中所遇到的问题,这叫"老带新"或"师徒结对带教"。这是一种新教师进行校本培训的特殊模式,很早就流行于各国,在其他许多行业的教育或培训中也广泛应用,有着较好的效果。

当然,要使这种传统模式在信息化时代的今天更好发挥效用,就必须进一步完善它。如采取对带教者素质进行研讨、建立带教者支援系统、打造新教师支援的网络平台等行动方案来完善"老带新"中带教者的素质。有研究者通过研究,提出了带教者的六条素质要求:能够帮助新教师找到工作中的成功因素和令人满意之处;能够接受各种类型的新教师,包括业务基础差的、过于自信的、不老练的、戒备心理强烈的等;善于为新教师提供教学方面的支持,通过听课及课后讨论,与新教师分享教育观念;善于处理各类人际关系,能用新教师可接受的方式来调节自己的带教指导行为;能够不断学习,不断提高自我的表率;善于向新教师传递希望和乐观主义精神。另外,带教者支援系统常常挂靠在一些实力雄厚并覆盖全国的专业协会下,它们通过网络等途径为带教者及带教者培训提供大量的帮助和免费咨询。而专门开设的新教师支援网络则全天提供免费或非免费的服务,具体的项目丰富多样,诸如学科方面的咨询、一般教育教学技能的指导疑难问题解答、老教师成功经验分享、新教师聊天室等。

3. 履职培育阶段:继续教育

当今,终身教育理念已深入人心,它意味着教师的职前教育只能为基本合格"双师型"教师培育提供"基础教育",而不可能是终结性教育。要成为成熟"双师型"教师或优秀"双师型"教师,还必须在履职后的继续教育过程中不断培养自身的终身学习能力、自我发展能力和创新能力。

在培育内容上,强调理论与实践的适配。"双师型"教师在习惯上常被分为文化课教师、专业理论课教师和实习教师。"双师型"教师培育应当根据每个人的具体情况,缺什么就补什么,这样可以为"双师型"教师成长创造条件。

在培育形式上,倡导参与,鼓励反思。反思是"双师型"教师以自己的实践过程为思考对象,对自己的行动、决策以及由此产生的结果进行审视和分析,是立足于自我之外的批判地考察自己的行动及情境的能力。从某种意义上说,"双师型"教师的反思能力决定着他们的教育教学实践能力和在工作中开展研究的能力。有关研究证明,成功的和有效率的"双师型"教师倾向于主动地和创造性地反思他们事业中的重要事情,包括教育目的、课堂环境,以及自己的职业能力。因此,"反思"被广泛地看作是"双师型"教师职业发展的决定性因素。美国学者波斯纳十分简洁地概括了教师成长的规律:"成长=经验+反思",并指出,没有反思的经验是狭隘的经验,至多只能形成肤浅的知识。"双师型"教师如果仅仅满足于获得经验而不对经验进行深入的思考,其发展将大受限制。传统的教师培育大多采用的是以作为培育者的教师为中心的主讲大课形式,而作为培育对象的"双师型"教师往往处于被动地位。这种讲座式培育往往是基于这样的假设,认为培育对象是需要在上面书写的"白板",或需要灌输新知识的"空桶",目的是传递知识,即要求听众接受讲演者的"专家类"的知识。由于这种培育一般仅止步于把知识灌输到听众的头脑里(即罗杰斯所说的"颈部以上的教育"），缺少学习者表现在行动上的积极参与，因此实际效果并不理想；而参与式培育力图使所有在场的人都投入学习活动中，都有表达和交流的机会，在对话和讨论中产生新的思想和认识，丰富个人体验，参与集体决策，鼓励批判性反思，进而提高自己改变现状的能力和信心。建构主义学习理论认为：人的学习过程不是纯粹的被动接受过程，而更多的是一个在与环境的相互作用下积极主动的自我建构过程。因此，重视"双师型"教师丰富实践经验的参与式培育，有助于"双师型"教师积极主动地自我建构。

当然，上述"双师型"教师的培育路径在时空形态上更多地考虑了院校方面，其实企业方面对此也应有相当大的作为。实践证明，在职业教育比较发达的国家，"双师型"教师培育模式的创新主要体现在加强校企合作上，对企业参与"双师型"教师培育多从法律上有明确的规定。这样做易于保证实践教学的真实性和有效性，有助于"双师型"教师掌握一线最先进的生产技术，掌握最新的工艺流程，运用所学的知识进行技术创新与产品开发，不仅了解而且能够指导一线工作人员的操作，因此它已成为当今"双师型"教师培育必不可少的一环。

三、拓展培育模式

(一)组建"双师型"教学团队

1.现代职业教育"双师型"教学团队的意义

专业教学是现代职业教育教学中的核心，提高教学质量的关键在于教师。因此，强化现代职业教育"双师型"教师培育，致力建设"双师型"教学团队，是现代职业教育模式改革的需要，是现代职业教育专业建设的需要，是现代职业教育课程改革的需要。加强现代职业教育"双师型"教师培育，实现"双师型"教学团队与企业的强强联手，有着十分重要的意义。

2.现代职业教育"双师型"教学团队的主要特征

一个高质量、高效率且运行良好的现代职业教育"双师型"教学团队，其主要特征包括素质特征、结构特征、运行特征。

（1）素质特征——"双师型"

由于现代职业教育具有突出的实践性、应用性、技术性特点,作为现代职业教育的专业教师,必须具备"双师型"素质。"双师型"素质强调专业教师两方面的素质与能力:一是具有较高的文化知识和专业理论水平,有较强的教学、教研方面的能力和素质;二是具有广博的专业基础知识,熟练的专业实践技能,一定的组织生产经营和科技推广能力,以及指导学生创业的能力和素质。当然,由于现实条件的限制,并非每一位教师都具备这样的"双师型"素质。因此,更需要合理配置专业教学师资,形成具有"双师型"素质的教学团队,以保证现代职业教育教学改革的顺利实施,培养出具有特色的高质量人才。团结协作、优势互补也因此成为现代职业教育"双师型"教学团队的突出特征。

（2）结构特征——专兼结合

现代职业教育"双师型"教学团队应该具有合理的年龄、职称、学历、专业、梯队结构,应该是一支拥有高水平的专业带头人和良好的"双师型"结构的师资团队。内外结合、专兼结合是其最主要的结构特征。由于现代职业教育人才培养目标是定位于技术、技能型人才,学生毕业后将直接进入企业和行业的生产第一线,实践操作能力是此类毕业生的主要能力之一。因此,要培养具有一定专业知识同时又具有较强操作能力的高技能人才,就必须有一支"双师型"结构的师资队伍。也就是说,在现代职业教育"双师型"教学团队中,学校的专职教师要有,同时从行业企业聘请的专家、技术骨干和能工巧匠也要占一定比例。另外,现代职业教育是以就业为导向的教育,其专业必须主动适应市场,"双师型"教学团队必须有站在专业技术领域发展前沿、熟悉行业企业最新技术动态、把握专业技术改革方向的领军人物,他们就是教学团队的核心人物——专业技术带头人。专业技术带头人应具备以下素质特征:具有扎实的专业基础理论,熟悉本专业国内外现状;站在专业技术领域发展前沿,熟悉行业企业最新技术动态,把握专业技术改革方向;具有较强的科研能力、技术开发成果转化和社会服务能力;具备先进的教学理念,有较强的事业心和责任感;有良好的职业道德，以身作则，治学严谨，为人师表；具有较强的组织管理能力，善于沟通和交流；能及时根据行业企业岗位需要调整专业、开发课程。这样的专业技术带头人显然需要现代职业教育"双师型"教师培育的强劲动力。

（3）运行特征——开放性

现代职业教育教学团队应该是一个具有开放性、创新性等特征的师资团队。其开放性体现在：教学团队能与行业企业合作或结盟，产生良好互动。也就是说，教学团队中的师资能够经常深入企业"充电"，同时兼职的企业技术骨干可以经常进入院校进行教育教学以及理论的学习，"双元互补，竞相发展"。其创新性来源于良好的运行、激励、评价机制。

上述现代职业"双师型"教育教学团队三个方面的特征相辅相成、综合作用。团队素质是基础，结构决定了团队的功能，运行保证了功能的实行。

3. 现代职业教育"双师型"教学团队的建设

（1）加强校企合作，提升实践能力

现代职业教育"双师型"教学团队的专业实践能力建设主要从两个方面着手：一是建立"双师型"教师培育实习制度。即学校必须以产学合作为依托，加强与行业企业的联系，为"双师型"教师提供必要的资料和实训条件，从而能够有计划地安排"双师型"教师到企业去跟班学习，或亲自去参与生产经营，了解生产第一线，应用新技术，提高动手能力；中青年教师可以采取脱产或半脱产形式轮流下的企业实习，或独立去完成一两项工程项目，时间可长可短，形式可灵活多样。另外，也可采用传、帮、带的方式，鼓励"双师型"教师走岗位自学成才之路，结合所在岗位和所担任的教学任务，以任务带动技能的提高。通过上述方法，提高"双师型"教师的实践操作技能，从而建设一支既懂得专业理论知识、又具有较强的实践能力的"双师型"教学团队。二是大力引进企业人才。引进企业人才可以通过全职和兼职两种方式结合进行。即学校可以以合作的企业为依托，借助企业的技术力量，聘请或调进企业高技能人才作为师资力量的补充。在引进企业人才的过程中,要求教学团队有较好的运行机制、激励机制、评价机制,同时也需要学校师资管理政策上的支持和激励,包括师资待遇、任职、评聘等各方面,促进"双师型"教师"双元互补,竞相发展",从而加强其整体实践能力,最终成为具有"双师"结构特征、专兼结合的"双师型"教学团队。

(2)加强"双师型"培育,提升教学实力

"双师型"教学团队的教学水平决定了教学效果和质量。因此,"双师型"教学团队的教学能力培育是现代职业教育"双师型"教师培育的首要任务。教学能力的培育与科研能力的培育相辅相成、相互促进。只有科研能力的提高才能使教学能力得到较大的提高。"双师型"教学团队的研究能力包括教育教学研究能力和专业科研能力,这两者相辅相成、相互促进。一方面,现代职业教育应通过制定一系列的科研激励政策、"双师型"教师科研工作考评标准以及实施方案,鼓励"双师型"教师积极参与教育、教学方面的研究。将"双师型"教师参与的本专业教育特点、学生学习特点、课程开发、教学方法教材建设等各个方面的研究项目计入"双师型"教师科研分值中,并纳入"双师型"教师工作量考核;同时院系要经常开展教育、教学法的专题研讨工作,采取教育专家经验介绍、难点探讨、小组讨论等各种形式,在提高"双师型"教师科研兴趣的同时,指导"双师型"教师开展教育、教学研究。通过对教学方式、方法的研究,促进"双师型"教学团队教学能力的提高。另一方面,现代职业教育要将"双师型"教师科研的重点导向与企业的横向合作、技术开发和技术攻关方面。同时要加强科研管理层的服务意识,积极搭建与企业的合作平台,加强技术转化和转移的能力。现代职业教育还应加强"双师型"教师培育和继续教育,提高"双师型"教师的综合素质与教学、科研能力,有计划地选派优秀青年教师到国内外著名院校进行培训,提升教师的专业学术水平。通过促进"双师型"教学团队两方面能力的提高,从而提高"双师型"教学团队的教学水平,最终推动现代职业教育人才培养模式的改革。

(3)加强引进培育,提升"团长"内力

专业带头人是现代职业教育"双师型"教学团队中的领军人物,专业带头人的引进和培养是现代职业教育"双师型"教学团队建设的核心工作。只有加大对专业带头人的培养力度，注重引进优秀人才，注重培育内在实力，造就一批站在专业前沿、掌握行业和企业最新技术动态、引导市场的"团长"，"双师型"教学团队才能更好地适应市场。

作为现代职业教育"双师型"教师培育的重点对象，专业带头人的培育必须改变培育方式，加大培育力度。一是制定优惠政策，对引进的行业企业专家和高级技术人员进行教育教学相关理论和技术方面的"精加工"，使他们既能站在专业技术领域发展前沿，熟悉行业企业，又具有较高的教学水平和较强的教学教育能力。二是有计划地选拔专业理论扎实、有丰富教学经验和较强科研能力的"双师型"教师到行业企业进行一段时间的顶岗实践。这样可以丰富他们的企业实践经验，积累实际工作经历，掌握企业技术的最新动态，提高实践教学能力，逐步成长为领军人物。三是为专业带头人的培育创造良好的环境。必须加强与行业企业的联系，共建实训、实验基地；聘请行业企业技术骨干担任实训教师，参与教学计划、课程标准的制定，学生的评价等；同时学校要建立"双师型"教师资格认证体系，研究制定现代职业教育"双师型"教师任职标准和准入制度，重视"双师型"教师的职业道德、教学经历和科技开发服务能力，引导"双师型"教师进一步为企业和社区服务，积累"团长"内力。

在对专业带头人重点培育的同时，学校也应与社会、企业、行业密切联系，使"双师型"教师充分了解专业的市场动态，采取各项激励措施提升"双师型"教学团队的社会服务能力，从而提升现代职业教育的人才培养质量。

（二）推广现代学徒制

现代学徒制是现代职业教育"双师型"教师培育的重要形式之一。从某种意义上讲，现代学徒制也可谓现代职业教育"双师型"教师培育的"初级阶段"。

1. 推广现代学徒制的意义

现代学徒制有利于促进行业、企业参与职业教育人才培养全过程，实现专业设置与产业需求对接，课程内容与职业标准对接，教学过程与生产过程对接,毕业证书与职业资格证书对接,职业教育与终身学习对接,提高人才培养质量和针对性。建立现代学徒制是职业教育主动服务当前经济社会发展要求,推动职业教育体系和劳动就业体系互动发展,打通和拓宽技术技能人才培养和成长通道,推进现代职业教育体系建设的战略选择;是深化产教融合、校企合作,推进工学结合、知行合一的有效途径;是全面实施素质教育,把提高职业技能和培育职业精神高度融合,培养学生社会责任感、创新精神、实践能力的重要举措。各地要高度重视现代学徒制试点工作,加大支持力度,大胆探索实践,着力构建现代学徒制培育体系,全面提升培养技术技能人才的能力和水平。

新时代现代学徒制,坚持服务发展、就业导向,以推进产教融合、适应需求、提高质量为目标,以创新招生制度、管理制度和人才培养模式为突破口,以形成校企分工合作、协同育人、共同发展的长效机制为着力点,以注重整体谋划、增强政策协调、鼓励基层首创为手段,不断探索、总结、完善、推广,促使形成具有中国特色的现代学徒制度,丰富现代职业教育"双师型"教师培育的内涵。

2. 推广现代学徒制的原则

一是坚持政府统筹,协调推进。充分发挥政府统筹协调作用,根据地方经济社会发展需求,系统规划现代学徒制工作,把立德树人,促进人的全面发展作为推行现代学徒制的根本任务,统筹利用好政府、行业、企业、学校、科研机构等方面的资源,协调好教育、人社、财政、发改等相关部门的关系,形成合力,共同研究解决推行现代学徒制中遇到的困难和问题。

二是坚持合作共赢,职责共担。坚持校企双主体育人,学校"双师型"教师和企业师傅双导师教学,明确学徒的企业员工和高职院校学生双重身份,签好学生与企业、学校与企业两个合同,形成学校和企业联合招生、联合培养、一体化育人的长效机制,切实提高生产、服务一线劳动者的综合素质和人才培养的针对性,解决好学校与企业共同发展的问题。

三是坚持因地制宜,分类指导。根据不同地区行业企业特点和人才培养要求,在招生与招工、学习与工作、教学与实践、学历证书与职业资格证书获取、资源建设与共享等方面因地制宜,积极探索切合实际的实现形式,形成特色。

四是坚持系统设计,重点突破。明确推行现代学徒制的目标和重点,系统设计人才培养方案,做好教学管理、考试评价、学生教育管理、招生与招工,以及师资配备保障措施等工作。以现代职业教育"双师型"教师培育为动力,以服务发展为宗旨,以促进就业为导向,深化体制机制改革,统筹发挥好政府和市场的作用,力争在关键环节和重点领域取得突破。

3.现代学徒制的内涵与特点

(1)现代学徒制的内涵

现代学徒制在一些国家也称为"新学徒制",主要是指以校企合作为人才培养的基础,以学徒的培养为重点,以课程教学为纽带,以工学结合、半工半读为形式,以学校、行业、企业的深度参与,以及教师、师傅的深入指导为支撑的人才培养模式。一般来说,"现代学徒制"和"传统学徒制"在很多方面都具有相似性,比如:都有师傅对徒弟的教育作用和指导功能;都主张在"实际操作中学习,在学习中实现操作"。然而两者在构成意义和价值取向方面具有很大的差别,同时,现代学徒制人才培养模式的主体和形式都进行了一定的变化。

(2)现代学徒制的特点

现代学徒制具有以下显著特点:①以学生为主体,让学生在做中学、学中做,教师在做中教,充分体现了因材施教的原则;②身份上从学生—学徒—准员工—员工逐步转化;③校企双方深度合作,具有招生即招工、上课即上岗、毕业即就业的鲜明特色;④实现专业理论与专业技术技能的精准对接,增强了学生的学习主动性,锻炼了学生的社会适应性;⑤采用"校、企、生"三方共同评价方式,从"德、能、勤、绩"四方面进行过程性综合考核;⑥理论充分联系实际,有利于"双师型"教师培育。

4.现代学徒制的优势

(1)改革招生与招工

招生与招工一体化是开展现代学徒制的基础。积极推广"招生即招工、入校即入厂、校企联合培养"的现代学徒制,加强对现代职业教育招生工作的统筹协调,扩大高职院校的招生自主权,推动高职院校根据合作企业需求,与合作企业共同研制实施方案,扩大招生范围,改革考核方式、内容和录取办法,并将相关招生计划纳入现代职业教育年度招生计划进行统一管理。

(2)改革人才培养模式

工学结合人才培养模式改革是现代学徒制的核心内容。各地要选择适合开展现代学徒制培养的专业,引导高职院校与合作企业根据技术技能人才成长规律和工作岗位的实际需要,共同研制人才培养方案、开发课程和教材、设计实施教学、组织考核评价、开展教学研究等。校企双方应签订合作协议,高职院校承担系统的专业知识学习和技能训练;企业通过师傅带徒弟形式,依据培养方案进行岗位技能训练,真正实现校企一体化育人。

(3)改革师资队伍建设

校企共建师资队伍是推广现代学徒制的重要任务,也是现代职业教育"双师型"教师培育的重要内容。现代学徒制的教学任务必须由学校"双师型"教师和企业师傅共同承担,形成双导师制。各地要促进校企双方密切合作,打破现有教师编制和用工制度的束缚,探索建立"双师型"教师流动编制或设立兼职教师岗位,加大学校与企业之间人员互聘共用、双向挂职锻炼、横向联合技术研发和专业建设的力度。合作企业要选拔优秀高技能人才担任师傅,明确师傅的责任和待遇,师傅承担的教学任务应纳入考核,并可享受带徒津贴。高职院校要将"双师型"教师的企业实践和技术服务纳入教师考核,并将其作为晋升专业技术职务的重要依据。

(4)改革教学管理机制

科学合理的教学管理与运行机制是推广现代学徒制的重要保障。各地要切实推动高职院校与合作企业根据现代学徒制的特点,共同建立教学运行与质量监控体系,共同加强过程管理;指导合作企业制定专门的学徒管理办法,保证学徒基本权益;根据教学需要,合理安排学徒岗位,分配工作任务。高职院校要根据学徒培养工学交替的特点,实行弹性学制或学分制,创新和完善教学管理与运行机制,探索全日制学历教育的多种实现形式。高职院校和合作企业共同实施考核评价,将学徒岗位工作任务完成情况纳入考核范围。

（5）逐步丰富培养形式

现代学徒制应根据不同生源特点和专业特色，因材施教，探索不同的培养形式。各地应引导高职院校根据企业需求，充分利用国家注册入学、自主招生、单独招生等政策，针对不同生源，分别制定培养方案，推广不同形式的现代学徒制。

根据各地产业发展情况、办学条件、保障措施等，在总结经验的基础上，逐步扩大实施现代学徒制的范围和规模，使现代学徒制成为校企合作培养技术技能人才的重要途径。逐步建立起政府引导、行业参与、社会支持，企业和高职院校双主体育人的中国特色现代学徒制。

现代学徒制包括学历教育和非学历教育。各地应结合自身实际，可以从非学历教育入手，也可以从学历教育入手，探索现代学徒制人才培养规律，积累经验后逐步扩大。鼓励高职院校采用现代学徒制形式与合作企业联合开展企业员工岗前培训和转岗培训。

（6）切实加强组织保障

各地应加强对现代学徒制的领导，落实责任制，建立跨部门的现代学徒制领导小组，定期会商和解决有关现代学徒制的重大问题。必须有专人负责，及时协调有关部门支持现代学徒制工作。引导和鼓励行业、企业与高职院校通过组建职教集团等形式，整合资源，为推广现代学徒制搭建平台。

各地教育行政部门要推动政府出台扶持政策，加大投入力度，通过财政资助、政府购买等奖励措施，引导企业和高职院校积极推广现代学徒制。并按照国家有关规定，保障学生权益，保证合理报酬，落实学徒的责任保险、工伤保险，确保学生安全。大力推进"双证融通"，对经过考核达到要求的毕业生，发放相应的学历证书和职业资格证书。

四、构建培养制度

如何构建适应"双师型"教师职业发展的培养培训制度至关重要，是衡量我国职业教育办学水平和师资队伍水平的关键指标，是职业教育能否办出特色、能否可持续发展的关键因素。因此,当务之急是建立一套合理、行之有效的"双师型"教师培养培训制度,保证"双师型"教师培养培训工作制度化、法治化。

(一)加强政策制度建设

政府及教育行政部门是职业教育"双师型"教师培养培训制度的建设者、推动者,管理并引导着高职院校"双师型"教师队伍建设。政府一方面要加强对职业教育的重视程度,对职业教育教师培养培训工作给予政策和经费支持;另一方面要加快制定"双师型"教师培养培训制度,明确"双师型"教师的准入标准和培养途径等。

(二)巩固并拓展"双师型"教师培养途径

1.加强"双师型"教师培训基地建设

目前,我国国家级职教师资培养培训基地担负着职业教育教师职后培训的重任,但是,尚未开设专门针对"双师型"教师的培训基地。"双师型"教师作为职业教育教师的生力军,必须有自己的培养培训基地,并配备专门的理论和实习指导教师。"双师型"教师培训基地可以依托职教师资培养培训基地,也可以是专门的"双师型"教师培训基地,可以设立在普通高等院校、高职院校中,也可以设立在大型企业中。对于适合建在学校中的基地,继续加强建设。对于行业、专业性比较强的培训基地,可利用企业在职工培训方面的现有条件,根据高职院校"双师型"教师培训的需要进行建设,成为高职院校"双师型"教师的校外培训基地。"双师型"教师培训基地建设应开辟政府、学校、企业多元化的投资渠道,充分发挥政府、学校与企业三方面的优势,通过多种渠道、多种方式筹集资金,实现资源共享。"双师型"教师培训基地应创新建设理念,改革以往由政府拨款的单一模式,探索学校自筹和企业赞助等多渠道筹集资金、共同投资的方式。学校应充分认识到培训基地对教师培训的重要性,加大对培训基地、实验室建设的经费投入,应充分发挥社会对教师培训的积极性,树立形象,加大社会及企业的认可程度。建立生产、教学、科研三结合的运行机制,跟踪高新技术,加强教学、生产与新科学、新技术、新工艺的推广和应用的紧密联系,以生产和科研促进教学,将教学融入科技发展和经济建设,是知识经济时代和信息技术社会下,"双师型"教师培训基地可持续发展的重要保障。职业教育是最适合开展"产学研"结合的教育,通过"产学研"结合,可以提高教师的科技开发能力和创新能力。高职院校应与产业部门和科研单位协作,共建培训基地和专项实验室,优势互补、资源共享。充分利用培训基地的先进技术与设备,为高职院校师生实训和行业、企业员工培训以及科研单位产品试验等创造有利条件。要积极开展应用项目研究、科技成果推广、生产技术服务、科技咨询和开发等科技工作及社会服务活动,形成教学、科研、生产和发展的良性循环,积极探索"产学研"三结合的运行机制及教学、培训模式,开拓实训、培训、咨询全方位的服务功能。融职业技术教育、职业技能培训、科技与社会服务为一体,实现教学、培训、服务一条龙,是我国发挥高职院校教学实践基地规模效益的新举措。市场竞争归根结底是人才及技术的竞争,要将科技成果迅速转化为生产力,提高工艺的智能成分和产品的技术含量,就必须提高员工素质和技术水平。职业教育应进一步强化实践训练,提高师生对新技术的开发与应用能力,以增强其就业竞争力与市场适应力。随着企业对职工岗前培训和在职培训的需求量大幅增长,迫切需要高职院校为其技术革新、工艺改造、产品开发、科学管理等提供咨询和服务。所以,基地应充分发挥这方面的优势,抓住这一历史机遇,积极开展职业教育实训、职业技术培训和科学技术咨询等,为经济、科技及企业发展提供多功能、全方位的服务。要在建设专业教室、教学工厂的过程中提高教师的技术开发能力。

2. 成立"双师型"教师工作室

"双师型"教师的成长与培养离不开宽松的环境,为了促进教师更快、更好地成为优秀的"双师型"教师,高职院校应该积极地改善教师工作的环境和条件。可以通过模拟企业车间的形式为高职院校教师创建个人实验室或实训室,为优秀的"双师型"教师设立工作室,给予他们必要的研究经费和政策支持,激发"双师型"教师的工作热情和研究兴趣。"双师型"教师在遇到研究障碍、研究瓶颈时,能够积极寻求企业、行业专家、高技术人才的帮助,为"双师型"教师理论与实践研究提供建设性意见。工作室由"双师型"教师负责运作,允许教师承接学校、企业研究课题,研究成果与企业、学校共同分享,以此为"双师型"教师的培养创造良好的氛围和条件。

第二节 "双师型"教师培养模式构建

一、院校培养模式

(一)明晰教育理念

"双师型"教师发展是一个知识获得的过程。正是对"双师型"教师的素质结构观的不同回答,导致了"双师型"教师专业发展的不同模式。目前,有一种相对比较流行的观点,认为"双师型"教师是具备由专业知识、教育知识和职业知识共同构成的复合型知识结构素质的教师,高职院校"双师型"教师专业发展过程是一个教师知识获得的过程。基于这种认识,我们将其归纳为院校培养模式,这一模式的形成根源于两方面的基本假设。

一是与人们对职业教育教学过程本质观的认识相关,认为职业教育教学过程就是向高职院校学生传递基本理论知识的过程,因此,高职院校"双师型"教师的职责就是传授学科专业的基本理论。在这种本质观的要求下,职业教育较为强调"双师型"教师的理论水平和学术素养,强调"双师型"教师在教学过程传播理论知识的水平和素养。因此,实质上,这一本质观下的"双师型"教师的发展主要体现在其理论知识素养上。

二是根源于知识决定能力的基本假设。院校培养模式的"双师型"教师发展过程将知识看得很重,认为知识作为主体精神世界的重要组成部分,是决定主体能力发展的最重要的因素。能力是在知识的掌握过程中所形成和发展的,离开了知识的学习和获得,任何能力都不能得到发展。"双师型"教师发展就意味着其专业知识、教育知识和职业知识的增长和获得。

基于上述假设,院校培养模式的"双师型"教师培养的重点是知识获得和行为变化,其过程是一个知识过程。这一模式认为,高职院校"双师型"教师所获得的专业知识是其专业发展基础,只要教师通过全面掌握专业和教育理论知识,便能将其转化成良好的专业教育实践能力;对教师进行学术理论教育是其专业成长的主要途径。因此,这一模式下的"双师型"教师多来源为综合型大学从事专业学术教育的毕业生及教师,认为只要学习了某一专业领域的知识就能够从事相关的职业教育教学工作。

(二)课程设置与实施

1."职业课程＋教育课程＋专业课程"相整合的课程结构

充分发挥教育学与工学的优势,通过教育学课程的开设与工学课程的开设,构建一种复合型的知识体系,为此,需要构建一种"职业课程＋教育课程＋专业课程"相整合的课程结构。以机械设计与制造专业的硕士层次"双师型"职教师资培养为例,职业课程方面主要开设如职业科学、机械设计制造类职业工作分析等课程;教育课程主要开设教育基本理论、专题教育、科学研究方法论和职业教育心理学等课程;专业课程主要开设机械工程学科新进展和机械设计制造领域新技术专题研究课程。职业课程保障其职业素养的发展,教育课程培养其教育方面的素养,专业课程奠定专业基础,这三类课程整合一体服务于学生综合素质的养成及培养目标的达成。

2."技能实践＋工程实践＋教育实践"相结合的课程实施实践环节

课程实施是将课程付诸实践的过程或活动。"双师型"职教师资培养的课程实施注重强化实践环节。在行业企业、院校教师(合作导师)指导下,进行技能培训、工程实践及教育教学实践:①技能实践。通过相关理论培训和实际操作训练,使其掌握与所从事专业领域相关的职业技能,并取得相应的职业资格证书。②工程实践。深入企业第一线进行工程实践,熟悉企业相关产品开发和生产工艺过程、研究相关技术技能的开发与应用,完成与相关学位论文选题相关的工程实践研究报告。③教育教学实践。在高职院校进行教育实践,参与高职院校相关专业的教育教学及专业建设和课程开发工作,完成与相关学位论文选题相关的教学实践研究报告。

3."校内导师＋校外导师"合作的双导师指导制度

"双导师"是指除校内导师外,在两类实习基地各有一名相应的专业人员作为指导教师。校内导师与校外合作导师相结合。学生在校内导师负责制的基础上,实行由校内教育学、机械类的指导教师和企业技术人员、高职院校教师组成的导师组共同指导的制度。校内导师是研究生培养的第一负责人,在研究生培养中起主导作用;导师组全程参与硕士研究生的指导工作,充分发挥集体培养优势。实践证明,"双导师制"培养思路非常符合硕士研究生的教育特点,在一定程度上弥补了教师只注重理论、不注重实践的缺憾。但是,双导师制在具体实施过程中还存在不少问题。在实际操作中,企业导师忙于工作生产,而校内导师又有教学任务,还有科研课题,不可能把过多的精力用在学生身上。因此,双方很难在一起共同商定研究生的培养,在一定程度上影响了硕士研究生的培养质量。只有规范、加强双导师制度,才会提高"高层次双师型"硕士研究生的培养质量。

(三)培养途径

1.独立设置职业技术师范院校的专门化培养

从历史发展的进程来看,职业技术师范院校在职教师资培养中一直发挥着主要的力量和作用。

职业技术师范院校能够保证职业教育教师有稳定的来源,其作为一种新型的高等院校,既不同于普通工科类院校,也不同于普通高等师范院校,其始终以培养具有"学术性、技术性、师范性"为一体的职教师资为目标,重视实训基地建设,注重学生动手能力和师范能力,使教育学与工学有机融合。多年的发展中,各职业技术师范院校付出了巨大的努力,逐步构筑起来了较为完整的职教师资培养的学科体系,尤其在一些专业教学论方面取得了巨大的成就。例如,经济教学论、技术教学论等学科的发展奠定了职教师资培养的学术基础。

职业技术师范院校在多年的发展中积累了丰富的师资培养经验和成果,同时储备了大量从事职教师资培养的人才资源。职教师资是一种具有特殊性的专业人才,其培养也必然需要富有经验的专门人才资源。

2.综合性大学、理工院校和技术型院校附设职业教育教师培养机构

综合性、工科性、技术性大学有些在学科与师资方面具有优势,有些则在技术与实验上具有自己独特的一面,而这些优势既可以吸引优秀的生源,也可以为职业教育教师的教育提供丰厚的基础设施。世界上许多国家依托普通高校开展职业教育师资培养。我国从20世纪80年代末逐渐在普通高校或师范院校设立职业技术教育学院。

(四)质量保障

这一模式强调"双师型"教师培养过程的学术性,关注教师的理论素养和学术水平,主要进行学科专业知识和教育专业知识的教育,对于其专业发展具有重要的意义。但是这一模式走入了"知识决定论"的误区,拥有知识并不一定能够实现能力发展,能力的发展不仅仅是一个知识提高过程,也需要一定的行为塑造和实践反思。我们在实践中往往会发现,一些职业教育教师的知识理论非常扎实,但是他们在实践中缺乏相应的技能,难以指导学生的实训环节。因此,需要改变职前培训中严重的学科化倾向,提高企业的参与度,引入现代企业的新技术、新工艺、新方法,跟上科学技术的发展,加大实践技能教学环节。在职后培训中,明确企业与职业院校合作的义务性,允许职校教师、学生能真正到企业实习锻炼,接触、掌握新技术、新方法、新工艺,从而提高教师的专业实践能力。让"双师型"教师有更多的机会去企业实习,参与到真正的生产加工中去,提高自身的实践能力;为基层教师提供更多的学习实践机会,为教师深入企业实践搭建更多平台;建立有关制度考核评价教师赴企业实践的实效性。

二、校企合作培养模式

(一)明晰教育理念:产学研相结合

实施产学研合作培养创新人才政策,建立政府指导下以企业为主体、市场为导向、多种形式的产学研战略联盟,通过共建科技创新平台、开展合作教育、共同实施重大项目等方式,培养高层次人才和创新团队。

"双师型"教师培养的是一种复合型人才,其具备理实一体的职业教育能力、从事职业教育科学研究的研究能力和把握最新职业发展动态的实践能力。这三方面的复合能力仅仅在学校中、书本中是难以形成的,需要借助相关的实践平台和科研平台。从其成长规律来看,并不是先理论再实践,或者先实践再理论,或者理论实践同步进行的过程,而是较为复杂的,可能理论与实践的中介环节也在发挥作用,交织着理论学习实践应用和科学研究等多方面的环节。总之,这类人才的特征和成长规律具有独特性,其培养模式不同于普通职教师资的培养模式,应有独特的培养机制。这类复合型人才难以在单一的空间和场域中培养出来,需要优势互补的资源整合。通过产学研合作,就能够将学校和企业的各自优势发挥出来。学校在理论、教育和科研方面的优势明显,企业在生产实践、技术更新等方面的优势明显,二者互补能够为"双师型"教师培养提供平台。

产学研合作教育是一种以培养学生的全面素质、综合能力和就业竞争力为目的,利用学校、科研院所和企业三种不同的教育环境和教育资源,采取课堂教学与学生参加实际工作有机结合的方式,来培养适合不同用人单位需要的应用型人才的培养模式。产学研合作作为一种新型教育模式,主要是充分利用学校和企业、科研单位等多种场域在人才培养方面的各自优势,把以书本知识和实践能力为主的生产、实际经验、科研实践结合起来的教育形式。产学研有机联合是培养"双师型"教师的必然选择,这种机制能够整合多种资源,便于形成"双师型"教师的复合型人才特质。

(二)定位培养目标:理实一体的复合素质

产学研相结合模式培养的"双师型"教师,是一类复合型人才,其培养目标体现出来的复合化,主要是指从纵横两个维度上体现出其多方面、多层次的素质。横向上体现为专业素养、教育素养和职业素养的融合性,纵向上体现为理论知识层面、实践应用层面和研究创新层面的层次性。

产学研相结合的"双师型"教师培养模式所培养的人才具备相应的专业素养。理论知识层面体现为掌握所从事专业的基本理论体系;实践应用层面体现为能够在实践中熟练应用所学专业理论知识,具备较强的专业实践能力；研究创新层面体现在能够在该专业领域进行科研创新。

产学研相结合的"双师型"教师培养模式所培养的人才具备相应的教育素养。理论知识层面体现为掌握扎实的教育理论；实践应用层面体现为能够高效从事专业教育工作；研究创新层面体现为能够开展专业教育研究，在专业教学论、专业课程论、专业教育心理等方面有所建树。

产学研相结合的"双师型"教师培养模式所培养的人才具备相应的职业素养。理论知识层面体现为能够掌握与专业相近的职业信息，并能将最新的职业动态和技术变革信息融入自身的专业教育工作中；实践应用层面体现为能够在相近的职业技术领域熟练操作，取得匹配的职业技能资格证书；研究创新层面体现为能够应对技术变革和职业发展过程中的挑战，开展职业动向方面的理论研究与应用研究。

(三)整合化的课程设置与实施

正是"双师型"教师人才特征的复合化决定了其课程培养体系具有整合化特点。从不同的角度，可以将课程分为不同性质的类别，其课程体系体现出整合化特点。

一是专业课程、教育课程与职业课程整合。充分发挥教育学与工学的优势，通过教育学课程与工学课程的开设构建一种具有复合型的知识体系。需要构建一种"职业课程＋教育课程＋专业课程"相整合的课程结构。

二是基础性课程、研究性课程和应用性课程相整合。基础性课程保证其专业素养基础、教育素养基础和职业素养基础；研究性课程能够培养其职业教育研究能力；应用性课程能够发展其职业教育实践能力和职业技能实践能力。显然上述不同类别课程的不同功能，决定了其体系整合的复合功能的实现。

三、自主成长模式

(一)明晰教育理念：自主实践反思的过程

当前科学技术发展速度不断加快，新技术、新发明层出不穷。对于"双师型"教师来说，其需要掌握的技术实践能力随着技术的更新应不断提升。同时,在有限的时间内,我们也不可能把人类社会中所有的知识和技术学完,特别是在当前知识经济时代,越来越呼唤"双师型"教师具备一种自主提升发展的能力,自主学习意识、自主学习能力成为"双师型"教师不断提升自我的主题。"双师型"教师的培养成长过程是一个自主实践反思的过程,"双师型"教师要永远能够与时俱进。

有观点认为,"双师型"教师对其专业活动的认识、理解和信念并不是从外部获得的,而是从内部构建的,构建的途径是通过多种形式的反思实现的。通过反思,"双师型"教师可以对自己及专业活动甚至相关的职业教育活动有更深入的理解,发现其中的职业教育意义和价值。"双师型"教师不仅仅是储存已有教育观念的"容器","双师型"教师的工作不仅仅是把其所获得的专业理论和教育理论应用于职业教育实践。也就是说,除了外部给予教师的理论知识之外,还存在着内隐于教师实践之中的"行动中的知识"——个体知识。在"实践—反思"模式中,"双师型"教师专业发展带有了更多的主动探究和自我改进的色彩,突出教师自身在其专业发展中的主体地位和价值。其专业发展过程是一种自我理解、自我成长,即专业发展是人的发展,它不是外在的、技术性知识的获取,而是通过各种形式的反思促进教师对于自己专业活动的理解。通过诸如写日志、传记、构想、文献分析等方式单独进行反思,或通过讲故事、信件交流、教师交流、参与观察等方式与人合作进行反思来实现发展。"双师型"教师专业的发展依赖于教师对自己的教学行为进行反思性的观察。有研究表明,对教学影响最大的因素既不是教育理论,也不是技能训练,而是教师通过自己上课所获得的对有效教学的理解。因此,教师应该让自己置身于不同的教学风格和方法中,反思自己的以及别人的教学,做自己的老师,从这些体验中获得更多的益处。反思性的观察就是一种教师主动学习和成长途径,"双师型"教师专业是一种鼓励认知、尝试、分享和推广合理性实践的个人内心的加工过程。在"反思性实践"中,"实践性认识论"替代"技术性熟练者",构成了专家活动的基础。该模式认为应当关注"实践",强调"实践"本身所包含的丰富内涵,关心"教师实际知道些什么",并在这个"实践"的基础上提出专业发展的设想;认为教师专业发展的目的并不在于外在的、技术性知识的获取，而在于通过这种或那种形式促使教师对于自己、自己的专业活动，直至相关的物、事有更深入的"理解"，发现其中的"意义"，以促成所谓"反思性实践"。把教师的实践性知识和实践性智慧视为教师专业发展的重要基础，注重从教育教学活动的实践需求出发鼓励教师的自主学习和自我活动，把理论和实践紧密结合起来。"双师型"教师专业发展过程实质上突出了教师个人的主体性，强调了教师个体的个性化实践经验。从根本上说，职业教育教学活动是一种个性化的艺术活动，因此，我们很难通过程式化和模式化的规范去约束教学行为。教师在教学活动中完全可以根据自己的个性化经验进行创造和实践，职业教育教学过程是教师个体生命意义的一种体验过程，教师的专业发展是一种自我反思、自我理解和意义体验的过程。

(二)定位培养目标：可持续发展能力

未来的"双师型"教师仅靠职前教育和职后培训所获得的知识经验仍然不够，必须提高自身的可持续发展能力。它是指教师在个体发展过程中既要适应当前的发展，又要有利于今后的发展，更要为今后的又好又快发展提供充足的养分和条件，这也是个体发展的需要。"双师型"教师的可持续发展能力具体包括自主发展能力、自主学习能力、自我反思能力。

1."双师型"教师自主发展能力

教师自主是一种自主性职业发展的能力，自主的教师能够真正懂得教学技巧何时、何地、为何以及如何在教学实践的自觉意识中获得。"双师型"教师应成为具有强烈责任感，在教育教学活动中能够不断反思，具备自主的可持续发展能力。对技术技能提升的渴求应成为"双师型"教师成长发展的基本动力和前提条件。"双师型"教师要有自我认知的能力，对个人需要与专业技能发展目标关系准确认识，不断激发自我学习的动力，明确自己职业人生发展的目标。自我认知、自我批判、自我超越、自我创造应成为"双师型"教师专业成长的目标。

2."双师型"教师自主学习能力

"双师型"教师的成长经历了"教师教育—教师培训—教师学习"这样几个历程，教师学习是当代教师发展问题的逻辑走向。从教师教育转向教师培训再转向教师学习,实质上是对教师主体地位和教师自身价值的肯定。美国学者泰勒就曾预言:"未来的在职培训,将不被看作是'造就'教师,而是帮助、支持和鼓励每个教师发展他自己所看重、所希望增加的教学能力。占指导地位的、被普遍认可的精神,将把学习本身放在最重要的地位。"所谓教师学习,是指教师在自身努力或外部环境等因素的影响下,其专业知识、专业能力和专业态度等方面得到成长变化的过程或活动。教师学习是以教师主动性为核心的学习成长过程或活动,是对已有教师培训、教师教育的超越与发展。教师培训和教师教育等方面的工作有效开展实质上是以教师如何有效地学习或教师学习的内在机制为依托的。"双师型"教师学习不能简单地等同于教师培训,而是教师主体性和教师内在动力凸显的一项活动。

3."双师型"教师自我反思能力

美国心理学家波斯纳曾提出教师成长公式:经验+反思=成长。他指出,如果教师仅仅满足于获得经验,而不是对经验进行深入的思考,那么他的发展将受到很大的限制。反思型教师能够成为终身学习者,教师具备反思的意识和能力,就能够持续不断地对自己的教育教学实践进行反思,便能够不断提高自我。学会反思是"双师型"教师发展中的重要内容,反思也是"双师型"教师可持续发展中不可或缺的教育教学行为。"双师型"教师通过自我反思,不断重新认识自身的教学行为和理念,能够促进自己对职业教育教学活动有更深刻的理解。从"双师型"教师的职业实践技能获得来看,很大程度上属于缄默知识的范畴,需要依靠"双师型"教师长期的实践反思;从"双师型"教师的教育教学能力来看,也需要有自身的反思。

(三)课程设置与实施

1.职业生涯规划教育课程

我国高职院校教师传统的职业生涯成长路径是"助教—讲师—副教授(高级讲师)—教授"这样一种模式。其实,这种路径缺乏企业或行业的技术能力和实践能力等元素,很难满足职业教育的要求。"双师型"教师作为职业教育教师,要突出其生产实践、企业技术等特色,其相应的成长路径应为"助理工程师—工程师—高级工程师—教授级高级工程师"与"助教—讲师—副教授（高级讲师）—教授"相交融，体现出"双师型"教师的成长过程是伴随着生产实践能力提升的教师学识水平发展的轨迹。所以，从这一角度上说，"双师型"教师自我成长的过程需要做好自身的职业生涯规划。

2. 教师实践案例课程

美国斯坦福大学退休教授李·舒尔曼则认为案例教学法"是理论与实践之间理想的折中方法，是当今教师教育的必然选择"。"双师型"教师的知识结构中存在着一类由职业实践知识、教育实践知识和专业实践知识所构成的实践性知识，这类知识直接奠定了"双师型"教师区别于其他教师的独特属性。这类知识恐怕很难依靠别人告知或通过书本阅读来获得，而是和"双师型"教师在其实践活动中不断内化、反思密切相关，是基于实践的反思而形成的一种个体化经验。所以，在"双师型"教师的职前培养、职中工作和职后培训过程中，也都离不开一种教师实践案例课程的学习。通过实践案例课程，职前培养的"双师型"教师可以借鉴其实践经验，职中工作的"双师型"教师可以与其自身的实践探索相对照来取长补短，职后培训的"双师型"教师可以提升自身实践经验。

3. 自我认知课程

对于传统的高职院校"双师型"教师培养，缺乏一种自我认知的教育。教师教育课程设置中，存在着认识其他事物的课程，而缺乏认识自我的课程。因此，需要加强"双师型"的自我认知意识和能力，对自身的专业发展方向能够自主认识。对"双师型"教师培养的自我认知课程主要围绕三个方面进行：对自己过去发展过程的意识、对自己现在发展状态和水平的意识、对自己未来发展的规划意识。

4. 微格教学法课程

微格教学法是一种反思教学的教师教育课程，可以把"双师型"教师的教育教学活动进行录像，然后重新回放录像内容，"双师型"教师及相关人员边看边议。教师自己在观看自身活动的录像中，能够不断认识自身的优势和不足,不断反思,逐渐形成自主发展的思路。同时,其他观看者以旁观者的视角可以为录像中的教师提出改进意见和建议。

(四)培养途径

1."双师型"教师做好自主规划工作

有规划和目标的活动往往能够事半功倍,"双师型"教师的自主成长需要自主规划其职业人生,分析自身欠缺什么素质,需要哪方面的提升,近期主要学习什么、弥补什么,职称评定、技能提高、学历提升、企业经历等环节在什么时候完成,通过什么方式实现。

2.基于"双师型"教师发展阶段分层次提升

"双师型"教师的各种素质需要一个连续性和阶段性的成长过程,根据自身职业生涯发展的规律,应经历几个发展阶段:从新手型"双师型"教师,到熟练型"双师型"教师,再到专家型"双师型"教师。这就需要"双师型"教师自身做好职业生涯的规划。新手型"双师型"教师实际上是一个初入门的阶段,要关注基本的教育教学能力、职业实践能力发展。熟练型"双师型"教师要关注经验提升、技术更新、智慧积累等方面的发展。专家型"双师型"教师要关注企业应用技术研发能力、技术服务能力、教育创新能力等方面的发展。基于发展阶段分层次培养,有助于实现"双师型"教师由被动发展向自主发展跨越,使每个层次的教师都有所发展。

3."双师型"教师主动开展校本教研

结合学校的特色专业、精品课程、教材建设等工作,承担教学研究、专业建设和课程开发的工作,通过自主探索提升自身素质。可以对自己在教育教学过程中遇到的问题进行研究,在研究过程中解决自身遇到的问题,并能够提升自己的理论水平和经验。"双师型"教师的成长过程就是不断地开展校本教研而逐步丰富知识和经验的过程。

4.主动撰写反思日记

反思是个体活动中的一种高级形式,是活动主体对自己的观念与行为进行的认知和审视。反思是"双师型"教师自主发展的重要途径。通过撰写反思日记,能够促进教师教育教学方法的改变,提高教育教学质量;

能够帮助教师自身不断反思自己,总结经验,提高自身素质;也能够在反思中升华出具有普遍实际意义的理性认识,可以提高"双师型"教师的科研能力。主动撰写反思日记,主要反思自身的教学行为、管理行为和生产实践指导行为。通过反思日记,"双师型"教师能够以批判的眼光反观自己,分析相关问题产生的原因,通过总结经验和吸取教训,自觉提出改进发展的建议。

(五)质量保障

建立教师自我培训的机制,通过制度和奖励政策激发教师的内在动力,发挥教师个体在"双师"培养过程中的主观能动性。要求教师根据自身条件,结合学校的"双师"目标规划,有针对性地通过自学、自培,不断提高完善自我。

1. 建立"双师型"教师激励机制

一是在职称评定和工资晋级方面,"双师型"教师在同等条件下优先;二是年度考核、评优奖励向"双师型"教师重点倾斜;三是提高经济待遇,设立"双师型"教师专项津贴;四是在选拔专业带头人和骨干教师、提拔干部时,优先考虑"双师型"教师;五是在学术进修、科研项目申请、课程安排等方面要优先考虑"双师型"教师。另外,要让"双师型"教师积极参与学校的管理,教师根据自身的条件积极为学校的发展献计献策。

2. 改革高职院校教师职称评价标准

我国高职院校教师的职称评审标准很大程度上是参照普通院校而设的,注重论文和科研项目的质量,未能准确反映高职院校教师的实践操作能力、技术技能人才培养水平等,这样的职称评审标准显然是不利于"双师型"教师队伍建设的。所以有必要修改完善高职院校教师职称评审标准,把技能考核作为职称评审的主要标准,适当降低学术水平要求,制定符合职业教育实际的职称评审标准,真正凸显职业教育对"双师型"教师的素质要求。

3. 提供"双师型"教师参与各项活动的机会

个体的自主发展意识和能力往往是在参与活动中得到增强的,高职院校要为"双师型"教师提供多方面的参与活动,在专业建设、课程开发、教学改革、学术交流等方面加大"双师型"教师参与力度,有效促进"双师型"教师发展的自主意识。

四、文化生态模式

以往人们对教师培养的研究,多关注从外部力量来促进教师的发展,多考虑学生的发展、理论的培养等方面,这是从外部孤立地看待教师的成长,很少关注教师与教师之间及相关因素的关系对教师成长的影响。从文化生态的角度看,"双师型"教师的培养成长是在与其他人、事、物相互的关系中进行的。在当前的职业教育实践中,亟须形成一种"双师型"教师培养的文化生态模式。文化生态是指一定时代各文化要素之间相互关联所呈现的形态以及由此形成的一种具有特征性的文化结构,它在本质上规定并表征着人的生存方式及其相互关联。"双师型"教师的文化生态培养模式就是将"双师型"教师视为一种特殊的文化,并将其置于相互联系的文化生态系统之中,在关联中实现"双师型"教师的成长发展。

(一)明晰教育理念:"双师型"教师发展是一个文化生态过程

文化生态模式下对教师的研究,从关注个体的认知加工和操作技术转向关注个体与个体之间的关系。个体发展是在其所处的环境中逐渐成长的,是个体与文化相互建构的"参与中转变"过程。"双师型"教师发展离不开特定的社会文化环境,离不开周围的教师以及教师之间的相互影响和社区的活动。

同时,"教师专业发展即生态变革"的观点强调教师专业发展不能全然依靠自己,更应该从其所处的环境中寻求发展动力。因此,需要确立一种文化生态的发展模式。文化生态培养模式下的教师在其教育教学过程中,其专业实践风格是个性化的,教师在其实践中并不完全处于孤立状态,教师专业发展依赖于群体性的教学文化或教师文化。文化生态培养模式主要聚焦点不是学习某些学科知识和教育知识,也不是个别教师的反思，而是建构合作的教师文化，在合作互助中促进教师的发展。"双师型"教师的培养发展过程实质上是院校与企业、理论与实践、个人与群体等多方面的合作融合过程。

"双师型"教师的成长发展是一个文化生态过程，旨在从三个层面关注教师培养问题。①教师个人层面。通过对教师在文化活动参与中的个人成长经历、认知方式、思维模式、价值观念、处世态度、生活方式等的分析与解读，考察和剖析特定社会环境和文化对教师个体发展（表现在教育观念、知能结构和文化性格等方面）所产生的影响。②教师群体的人际层面。教师与同伴之间的合作交往是教师专业发展的重要方面。师傅带徒弟的方式是一种较为有效的教师培养之路。③职业教育文化生态环境层面。教师所处的工作生活环境对其专业发展也有着重要的影响作用。"双师型"教师的成长正是处于职业技能的熏陶和职业文化的涵养之中。文化生态模式下的"双师型"教师专业发展需要建设具有校企融合特点的学校文化，将企业文化融入学校，在学校营造企业化的氛围，建企业格言墙、励志格言墙，与企业合作在校内设立生产流水线，建一体化教室，实行一体化教学，通过产教结合培养学生，以推动和促进"双师型"教师专业发展水平的快速提升。

(二)定位培养目标：形成一种"双师"文化

学习教学技能和职业技能对于"双师型"教师的培养成长具有重要的意义，但是在教学中，"专家"或"熟练者"的能力无法"直接"地传授给其他人，也就是说，在教学领域中，"方法"不是"公共的"；更重要的是，对于某个教师是"好的"、有效的方法，对其他教师而言未必也是好的。只有教师在专业精神、信念、价值观等文化层面得到涵养，才能成为具有内涵个性的教师。教师专业内涵的核心，或者说专业精神的原动力应该是文化，只有强大的文化才是教师专业能力、专业素质的根基。教师文化被看作是一种组织文化或群体文化，它是教师群体在共同的学校教育环境里、在教育教学过程中，创造出来的物质成果和精神成果的总和与表现。教师文化可以被划分为三个层次，即教师的思想观念层次、价值体系层次和行为模式层次,这三方面共同构成教师文化整体。"双师型"教师的文化生态培养模式旨在形成一种双师文化。双师文化深入渗透教师的信念、态度、对工作的理解和教育教学行为之中,能够对"双师型"教师的培养发展产生深刻的影响。

1. 坚定尊重技术技能的"双师型"教师的职业教育信念

信念是人们对某种观点、原则和理想等所形成的内心的真挚信仰。教师信念的确立是教师文化形成的根基。"双师型"教师也是如此,信念是其成长发展的思想基石,将直接影响教师的行为。正如菲蒙特和弗洛登所说:"有效的教育改革必须建立或重建在教师和那些准教师们既有信念的改革之上。"信念在个体的专业或职业发展中处于最高层次,它统摄着个体素质结构的其他方面,因此,"双师型"教师的职业教育信念是一种深层次的文化结构。"双师型"教师应始终坚定起一种高度重视职业教育的信念,坚信技术技能在国家社会发展的重要作用,坚信职业教育在国家社会经济发展中的价值。

2. 形成走进企业实践的"双师型"教师态度

教师文化构建就是在确立信念的基础上转变教师现有的不适应学校发展的态度,并随着态度的更新产生持久的行为倾向。"双师型"教师区别于普通教师的主要标志是其实践技能企业实践经历。形成"双师型"教师文化需要"双师型"教师有一种积极的企业实践态度。因此,"双师型"教师要主动走进企业,参与企业生产实践。对于企业生产实践,"双师型"教师要转变不合理、不正确、消极的态度,形成正确的、积极的态度。这一目标的实现需要提高"双师型"教师的工作满意度,增强"双师型"教师对职业教育的文化认同。

3. 塑造行动导向传递技术技能的"双师型"教师行为

教师文化基于教师的信念,最终落实在教师的专业态度和教育教学行为上。教师行为是教师文化的外显表征,"双师型"教师行为主要表现为技术技能教育和传承、教育教学方法的使用、与学生的交流互动、与同事的交往、与企业生产的联系等。行动导向的教师行为是"双师型"教师区别于普通教师的一个主要标志，这是根源于"双师型"教师所属的教育活动性质是教授技术技能而不是单纯的理论知识。

(三)凸显"双师"文化的培养体系

"双师型"教师的成长是一个文化生态过程。"双师型"教师是一种特殊的文化形态和文化象征，"双师型"教师的培养是一个文化过程，"双师型"教师的成长发展依赖于"双师"文化。"双师"文化的培育是一项复杂的系统工程，需要构建一个政府、高职院校、高职院校教师以及"双师"群体共同参与的立体网络。"双师型"教师的深层次成长发展是一种文化过程，其体现为学术文化、企业文化和教师文化的融合。"双师"文化的培养需要建设具有校企融合特点的学校文化，将企业文化融入学校，在学校营造企业化的氛围，通过产教结合，以推动和促进"双师型"教师专业发展水平的快速提升。

(四)培养文化生态模式"双师型"教师的途径

教师发展总是在一定的文化生态系统中实现的，学校需要为教师发展创造良好的文化生态环境，在人与文化的相互建构中实现学校和教师的主动发展。

1.创设良好的学校文化生态系统

从文化生态培养模式来看，教师信念与教师教学行为并非因果联动的关系，而是互动关系，即教师的信念产生于教师实践和教师生存环境，受制于其所处环境中的价值观和文化，并指导着教师的实践活动，而教师在教学实践活动中的反思和积累的经验又可以改变教师已有的信念。

2.将"双师型"教师置于企业文化环境下熏陶

基于"双师型"教师的成长是一个文化过程这一理念，着重通过技术文化、职业文化、企业文化等内在的力量构筑"双师型"教师的精神价值。教师价值观的改变和行为的改进，很难由别人强制灌输和改造，需要放在相适应的文化环境下自然熏陶和创生。"双师型"教师的成长需要依赖于真实的企业文化环境，只有深入真实的企业文化环境之中，"双师型"教师才容易而且深刻地内化和生成职业教育的价值与行为。

3. 创设好组织文化

教师的成长发展是教师与情境交互作用的过程和结果,组织文化是影响"双师型"教师成长发展的重要文化情境之一。教师是学习共同体的成员,可以在交流合作中实现专业发展。一方面是"双师型"教师在师傅带徒弟的模式中成长,新教师找一位经验丰富的老教师做专业课教学的指导教师,得到老教师一对一、一帮一的有效指点。在教学过程中,要求新、老教师相互听课,相互交流,相互探讨。老教师要毫无保留地把专业课知识传授给新教师,新教师要敢于独立解决专业课教学中的疑难问题,在教师教育教学经验的传递中汲取营养。通过积极互动,促使新教师专业知识水平的快速提升。实践表明,对于"双师型"教师职业教育教学能力的提升和职业实践技能的获得,"师傅带徒弟"的模式有着不可比拟的优势。另一方面是"双师型"教师在相互交流中不断内化各种信息,完善自身的认知、态度和行为。在相互交流中,可以发挥学科带头人的引领作用,构建学科带头人技术研发制度,选派学科带头人定期赴国内外高职院校和企业考察研修,使学科带头人掌握职业教育和企业生产的最新动态,为学科带头人创造参与技术改革和生产研发的条件,通过"传帮带"引领其他教师发展,进而提升"双师型"教师整体素质。

4. 加强院校之间的交流合作

"双师型"教师培养的成本高,高职院校之间应该建立优势互补、资源共享的平台,加大纵深合作,使"双师型"教师培养的资源得到充分有效利用。高职院校可以选拔一批专业带头人和教学科研骨干到普通高校或科研单位提升学历学位,提高专业理论水平;也可以在高职院校之间经常进行交流访问活动,聘请兄弟高职院校"双师型"教师能手担任校外兼职教师,组织教师听公开课、示范课,参加研讨会等。

5. 基于团队建设提升"双师型"教师能力

在"双师型"教师的成长发展过程中,存在着缺乏团队依托,处于自发松散的状态等问题。为解决这一问题,高职院校基于团队建设提升教师实践能力的团队建设目标,激发教师参与专业实践的积极性,在团队建设的目标和共担责任的认同过程中,提高教师对实践能力在人才培养中重要性的认识,增强对自身素质能力现状的自我认知,感受来自组织和同伴对提高素质能力绩效的压力,与相关企业建立优势互补的稳定合作关系。同时,借助团队带头人的影响关系,为团队成员教师发展提供稳定的基地。团队建设有助于发挥团队成员的自主性和创造性。

(五)培养文化生态模式"双师型"教师的质量保障

1.关注整体的"双师型"教师

教师的发展不仅仅关注其外在教学行为的改变,还应重视其价值的内化。在关注"双师型"教师本身的同时,更要关注其所处的环境。要将其置于复杂丰富的文化背景下,整体全面地认识"双师型"教师,不仅关注"双师型"教师的专业教学,也要关注其教育价值观和态度。

2.形成"双师型"教师发展的竞争与合作机制

教师在群体的相互联系中往往能够得到深远的发展。比如,技能竞赛机制可以培养和提高"双师型"教师的素质。一方面,可以组织校内教师开展专业技能比赛活动,聘请行业企业的技术专家出题、当评委,学生和其他教师当观众,在这样的专业技能评比活动中提升"双师型"教师素质。另一方面,在指导学生参加各种高职院校技能大赛的活动中,以赛促学、以赛促练、以赛促教,可以培养和提高"双师型"教师素质,促使教师指导技能在竞争中提高。

3.通过文化氛围建设进行感情激励

为"双师型"教师营造宽松的、民主参与的、具有发展意义的、具有凝聚力的校园文化和学术氛围,使"双师型"教师民主参与职校管理,能够满足其被尊重的需要,使其产生自我价值的实现感。最终吸引企业高技能人才进校,减少高职院校"双师型"教师流失,以感情激励的方式使"双师型"教师热爱职业教育,愿意投入职业教育教学活动之中。

4.实行发展性"双师型"教师评价

教师评价是教师发展的重要反馈调节环节,直接影响着教师成长发展的路径和模式。建立多元化的评价指标体系,采用多样化的评价方式,尊重教师的人格和尊严,强调教师之间、评价者和被评价者之间的合作与交流,能够激发教师专业发展的热情。

第六章　职业院校"双师型"
教师培养制度与机制研究

"双师型"教师队伍不断发展壮大,教师素质不断提高,社会对"双师型"教师的需求不断增加,然而"双师型"教师数量不足、质量不高仍是"双师型"教师培养培训面临的关键问题,不可避免。建设一支数量充足,职称结构、知识技能结构、年龄结构合理的"双师型"教师队伍任重而道远。

第一节　职业院校"双师型"教师培养制度

如何构建适应"双师型"教师职业发展的培养培训制度至关重要,是衡量我国职业教育办学水平和师资队伍水平的关键指标,是职业教育能否办出特色、能否可持续发展的关键因素。因此,当务之急是建立一套合理、行之有效的"双师型"教师培养培训制度,保证"双师型"教师培养培训工作制度化、法制化。

一、加强政策制度建设

政府及教育行政部门是职业教育"双师型"教师培养培训制度的建设者、推动者,管理并引导着职业院校"双师型"教师队伍建设。政府一方面要加强对职业教育的重视程度,对职业教育教师培养培训工作给予政策和经费支持;另一方面要加快制定"双师型"教师培养培训制度,明确"双师型"教师的准入标准和培养途径等。

纵观发达国家职业教育师资队伍建设,专门的教师法是保证其职教师资高素质、高水平的重要原因。"职业训练指导员"接受理论与实际操作训练,保证其具有"双师型"素质。德国作为职业教育的先行者,早在

《职业训练法》《联邦职业教育保障法》中对职教师资作了明确的规定。国外职业教育取得成功的原因不仅在于起步早,更主要的是得益于有一整套缜密的培养制度。我国已经出台专门的《职业教育法》,为我国职业教育发展提供基本的法律依据。但是,并没有专门针对职业教育教师的法律法规,已经颁布的《教师法》具有普遍性,对于特色鲜明、与社会发展联系紧密的职业教育教师并不完全合适。因此,出台专门针对职业教育教师的《职业教育教师法》迫在眉睫,这对职业教育教师队伍建设具有重要意义。

我国职业教育发展尚不均衡,地区差异显著,东部职教教师素质明显优于西部职教教师素质,"双师型"教师素质要求的标准并不统一。虽然存在诸多不同点,但纵观国内外的情况,"双师型"教师素质大体可以分为三个方面。一是对于学历和资历的要求。比如,德国"双元制"中从事职业教育的专任教师必须获得博士学位,且有至少5年在企业的专业实践经历。美国要求社区学院的教师具备硕士学位,必须具有3年的实践工作经验。日本要求职业学校专门课程教师必须具有硕士学位,且在各种学校、研究所、医院、工厂从事与上课内容有关的,或与研究、技术有关的业务。我国职业教育起步较晚,目前"双师型"教师队伍学历差距非常明显,从中专学历到研究生学历不等。为保证"双师型"教师队伍的质量和可持续发展,《职业教育教师法》应规定:"'双师型'教师需具备相关专业学士及以上学位,且有3年以上相关专业实践工作经验。"这项规定是对"双师型"教师的基本学历要求,是选拔录用、认定"双师型"教师的基本条件,应严格遵守规定。在实际应用中,可能会遇到这样的特殊情况,一位在企业工作多年的技能型人才,拥有扎实的专业理论和实践技能经验,但是学历并未达标,只有大专学历。对于此类情况,需要慎重考虑,不能简单地将其拒之门外,也不能大开方便之门。要严格考察这类人员的综合素质,参照"双师型"教师其他任职资格,择优录取。对于学历未达标的企业优秀技能型人才,可适当放宽学历要求。二是明确"双师型"教师的品德和技能要求。现代教师扮演的角色不仅是传道、授业、解惑者,教师的言行举止更是学生仿效的对象,教师对学生人格塑造起着重要的作用。因此,教师必须具备良好的行为品质和职业道德,要有高尚的职业修养和育人的谆谆热情。对"双师型"教师技能要求的考核,采用可量化的考核标准,即教师拥有的相关专业的职业资格证书情况。我国职业资格证书制度尚不完善,但基本能够反映持证者是否具有该技能的职业资格。因此,"双师型"教师应该具备至少 1 个相关专业的职业资格证书。三是对"双师型"教师知识技能的更新能力和教学管理能力的要求。职业教育与社会经济发展紧密相关,"双师型"教师必须具备敏锐的嗅觉,能够及时掌握专业领域的新技术、新工艺,熟悉企业生产管理。"双师型"教师并非完全来源于师范类院校毕业生,有些"双师型"教师并没有接受过职业教育相关教学理论与实践教学的学习。因此,从教学管理能力看,"双师型"教师应有一定的职业教育学、职业教育心理学相关知识的学习或培训经历,能够准确确定教学目标、设计符合职业教育的教学方案,确保教学活动顺利开展,保证教学质量。

二、巩固并拓展"双师型"教师培养途径

职业院校必须有一流的"双师型"教师队伍实施教学,否则职业院校的招生、就业、教学等工作,就成了无源之水,无本之木。目前大多数职业院校"双师型"教师所占比例普遍较低,与国家规定的 80% 的比例相差较远,培养"双师型"教师队伍势在必行。

(一)创新中职硕士培养方式

首先,目前我国中职硕士主要采用在职培养模式。中职硕士并非脱产接受教育,而是利用寒暑假或节假日采用远程教育等方式,学习相应的专业课、教育学相关课程等。这种方式存在一定的弊端:一是授课者无法准确了解中职硕士现有知识水平,授课时针对性和适用性大打折扣;二是授课时间分散,缺乏长期系统的学习过程,学习效果恐怕不尽如人意;三是中职硕士培养重点仍然是提高专业理论知识,显然缺乏对职教教师专业技能和"双师"素质的培养。因此,创新中职硕士培养目标和培养方式

显得尤为重要。中职硕士应以培养"双师型"教师为目标。培养"双师型"教师，不能仅仅依靠职业技术师范院校的职前培养，更多的是要依靠教师入职后的继续教育。招收中职教师到高校进修硕士学位就是为了提高中职教师的教育教学能力，为中职教师提供继续深造、提高专业素养的机会。中职硕士培养体系必须以提高职教教师专业知识和技能为目的，即以培养"双师型"教师为目的开展教学工作，在专业理论教学和实践教学模块中侧重于专业技能的学习，重视中职教师专业技能的培养，充分发掘中职教师的"双师"素质。

其次，以半脱产方式培养中职硕士。中职硕士培养周期较短，这是限制中职硕士质量的重要因素。若中职教师以脱产方式进行继续教育，难免会影响日常的教育教学工作，对本职工作造成一定影响。若采用在职培养方式，虽然对本职工作影响较小，但是培养效果欠佳，中职硕士培育所投入的各种资源利用率不高。因此建议采用半脱产方式培养中职硕士。中职硕士培养周期以 2 年为宜，可采用"1+1"方式，即 1 年脱产学习专业理论知识和教育学相关知识，1 年挂职到企业实践锻炼。脱产学习实行学分制，中职硕士必须修满相应学分方可进行企业实践锻炼。挂职锻炼实行学时制，即中职硕士到企业实践必须修满相应学时，否则不予以毕业。脱产学习有利于中职教师全面系统地了解专业知识和技能，掌握本专业最新动态。挂职到企业锻炼则是提高中职教师实践技能的最好方式，中职教师充分利用课余时间到企业实践锻炼，可将理论知识转化为实践技能。

最后，中职硕士培养要求加强校企合作。"1+1"中职硕士培养方式亟须加大培养院校与企业之间的合作力度，培养院校要与企业建立良好的合作关系，在企业建立长期的教师实践基地，鼓励企业的专业技术人才、高技能人才等担任中职硕士的企业导师，引导中职硕士开展技能培训，这样才能为培养"双师型"教师提供全面有效、安全可靠的实践平台。另外，中职硕士的培养考核方式不容忽视。中职硕士按规定在修满相应学分和学时的前提下，经考试合格，通过专业技能操作考核，方可取得中职硕士毕业证和学位证。

(二)加强"双师型"教师培训基地建设

目前,我国有近60所国家级职教师资培养培训基地,担负着职教教师职后培训的重任,但是,尚未开设专门针对"双师型"教师的培训基地。"双师型"教师作为职教教师的生力军,必须有自己的培养培训基地,并配备专门的理论和实习指导教师。"双师型"教师培训基地可以依托职教师资培养培训基地,也可以是专门的"双师型"教师培训基地,可以设立在高等院校、职业院校中,也可以设立在大型企业中。对于适合建在学校中的基地,继续加强建设。对于行业、专业性比较强的培训基地,可利用企业在职工培训方面的现有条件,根据职业院校"双师型"教师培训的需要进行建设,成为职业院校"双师型"教师的校外培训基地。"双师型"教师培训基地建设投资主体多元化。开辟政府、学校、企业多元化的投资渠道,充分发挥政府、学校与企业三方面的优势,通过多种渠道、多种方式筹集资金,实现资源共享。"双师型"教师培训基地应创新建设理念,改革以往由政府拨款的单一模式,探索学校自筹和企业赞助等多渠道筹集资金、共同投资的方式。学校应充分认识到培训基地对教师培训的重要性,加大对培训基地、实验室建设的经费投入,应充分发挥社会对教师培训的积极性,树立形象,加大社会及企业的认可程度。建立生产、教学、科研三结合的运行机制,跟踪高新技术,加强教学、生产与新科学、新技术、新工艺的推广和应用的紧密联系,以生产和科研促进教学,将教学融入科技发展和经济建设,是知识经济时代和信息技术社会下,"双师型"教师培训基地可持续发展的重要保障。职业教育是最适合开展"产学研"结合的教育,通过"产学研"结合,可以提高教师的科技开发能力和创新能力。职业院校应与产业部门和科研单位协作,共建培训基地和专项实验室,优势互补、资源共享。充分利用培训基地的先进技术与设备,为职业院校师生实训和行业、企业员工培训以及科研单位产品试验等创造有利条件。要积极开展应用项目研究、科技成果推广、生产技术服务、科技咨询和开发等科技工作及社会服务活动,形成教学、科研、生产和发展的良性循环,积极探索"产学研"三结合的运行机制及教学、培训模式,开拓实训、培训、咨询全方位的服务功能。融职业技术教育、职业技能培训、科技与社会服务为一体,实现教学、培训、服务一条龙,是我国发挥职业院校教学实践基地规模效益的新举措。市场竞争归根结底是人才及其技术的竞争,要将科技成果迅速转化为生产力,提高工艺的智能成分和产品的技术含量,就必须提高员工素质和技术水平。职业教育应进一步强化实践训练,提高师生对新技术的开发与应用能力,以增强其就业竞争力与市场适应力。随着企业对职工岗前培训和在职培训的需求量大幅增长,迫切需要职业院校为其技术革新、工艺改造、产品开发、科学管理等提供咨询和服务。所以,基地应充分发挥这方面的优势,抓住这一历史机遇,积极开展职业教育实训、职业技术培训和科学技术咨询等,为经济、科技及企业发展提供多功能、全方位的服务。要在建设专业教室、教学工厂的过程中提高教师的技术开发能力。

(三)成立"双师型"教师工作室

"双师型"教师的成长与培养离不开宽松的环境,为了促进教师更快、更好地成为优秀的"双师型"教师,职业院校应该积极地改善教师工作的环境和条件。可以通过模拟企业车间的形式为职业院校教师创建个人实验室或实训室,为优秀的"双师型"教师设立工作室,给予他们必要的研究经费和政策支持,激发"双师型"教师的工作热情和研究兴趣。"双师型"教师在遇到研究障碍、研究瓶颈时,能够积极寻求企业、行业专家、高技术人才的帮助,为"双师型"教师理论与实践研究提供建设性意见。工作室由"双师型"教师负责运作,允许教师承接学校、企业研究课题,研究成果与企业、学校共同分享,以此为"双师型"教师的培养创造良好的氛围和条件。

第二节　职业院校"双师型"教师培养机制

由于职业教育涉及众多不同的专业,因此,为了使"双师型"教师专业标准能涵盖职业教育的不同专业,提高"双师型"教师专业标准的适用性,我们按照"三维一体"的"双师型"教师专业标准架构,构建了"双师型"教师专业标准的适用型职业院校"双师型"教师专业标准体系。该标准体系是由 4 个专业标准领域、13 个专业标准单元、36 个专业标准要素、134 个专业标准表现指标构成的标准体系。

一、专业伦理与专业信念

(一)专业伦理

1. 对学生的专业伦理

(1)关爱职业院校学生,关注职业院校学生身心健康的全面发展,保护职业院校学生生命安全。

(2)尊重职业院校学生独立人格,维护职业院校学生合法权益,公平对待每一位职业院校学生。不讽刺、挖苦、歧视职业院校学生,不体罚或变相体罚职业院校学生。

(3)尊重职业院校学生的个体差异,主动了解和满足职业院校学生的不同发展需要。

(4)信任职业院校学生,积极创造条件,促进职业院校学生的独立自主发展。

2. 对同事的专业伦理

(1)尊重同事。

(2)具有团队合作精神,积极开展与同事间的交流与合作。

(3)与同事分享经验和资源,共同发展。

(4)妥善处理个人和同事间的利益关系。

3. 对行业/企业从业人员的专业伦理

(1)尊重行业或企业人员。

(2)积极主动地与行业或企业人员建立相互沟通、合作关系。

(3)尊重行业或不同企业人员所持有的企业文化。

(4)与行业或企业人员沟通和合作时遵循独立、平等的原则。

4. 对家长及社区的专业伦理

(1)与家长和社区合作,形成对学生共同一致的教育目标和教育合力。

(2)积极建立与家长和社区交流和沟通的机制。

(3)在与家长交流和沟通过程中,尊重家长的教育理念。

5.对教师职业的专业伦理

(1)了解、理解教师职业的专业规范和准则。

(2)认同教师职业的专业规范和准则。

(3)遵守教师职业的专业规范和准则。

(二)专业信念

1.专业认识

(1)认识、理解职业院校教育工作的意义。

(2)认识、理解职业院校学生的独特性和心理特征。

(3)认识、理解职业院校学生学习的独特性。

(4)认识、理解职业院校教学的本质和独特性。

2.专业情意

(1)喜欢、热爱职业院校教育工作。

(2)认同职业院校教师的专业性和独特性。

(3)理解职业院校学生的独特性,热爱职业院校学生。

(4)热爱职业院校教学工作。

(5)具有职业理想和敬业精神。

3.专业坚持性

(1)即使存在职业倦怠,但仍热爱自己从事的工作。

(2)即使遇到困难和挫折,也会坚守自己的职业选择。

二、专业知识

(一)专业、职业技术、实践性知识

1.专业知识

(1)理解所教专业的知识体系、基本思想与方法。

(2)掌握所教专业内容的基本知识、基本原理与基本技能。

(3)了解所教专业与其他相关学科的联系。

(4)了解所教专业知识国内外发展的最新动态。

2.职业和技术知识

(1)了解所教学生将来面对职业的核心知识。

(2)掌握特定职业/产业/行业的技术核心知识。

(3)了解一般的行业或企业的知识。

(4)掌握特定的行业或企业知识。

(5)理解劳动力市场和工作场所变化本质。

3.基于情境的实践性知识

(1)具备行业或企业实践的经验、解决行业或企业实践问题的实践性知识。

(2)具备将专业知识、技术知识与解决实践问题联系起来的情境性知识。

(二)教育教学知识

1.专业教学法知识

(1)掌握所教专业课程资源的搜集、拓展、开发的主要方法和策略。

(2)掌握所教专业校本课程开发的方法、技术、工具与程序。

(3)掌握针对具体专业内容进行教学的常用教学法。

(4)掌握所教专业进行项目教学、一体化教学、能力本位教学的方法与策略。

2.学生发展知识

(1)了解职业院校学生心理发展,特别是人格发展的一般性知识。

(2)掌握职业院校学生智力发展的一般规律与特征。

(3)了解职业院校学生世界观、人生观、价值观形成的一般规律性知识。

(4)掌握职业院校学生技术、技能发展的规律性知识。

3.学生如何学习的相关知识

(1)了解职业院校学生学习的本质及规律的一般性知识。

(2)掌握职业院校学生技术、技能学习的一般规律性知识。

(3)掌握不同境遇(经济背景、语言、文化传统等)下学生学习特征的知识。

(4)掌握职业院校学生进行项目学习以及在一体化教学和能力本位教学中学习的规律和特征。

三、专业能力

(一)教学能力

1.教学规划能力

(1)具有对任教学科进行学科、学年、学期教学规划和设计的能力。

(2)具有分析职业院校学生情况、选择和使用教材、设计教学方法、撰写教学方案等设计教学方案的能力。

(3)具有引导和帮助职业院校学生规划和设计个性化学习计划的能力。

2.教学实施能力

(1)具有按照教学方案设计进行教学的能力。

(2)具有建立安全的、支持性的教学环境及组织教学的能力。

(3)具有建立有挑战性的学习目标的能力。

(4)具有选择和运用有效教学策略的能力。

(5)具有选择、利用和丰富教学资源的能力。

(6)具有使用有效的教学交流技能的能力。

(7)具有完善教学程序的能力。

3.教学评价能力

(1)具有从多种渠道系统地收集信息、评价自己教学效果的能力。

(2)具有从不同的视角、立场,利用多样化的信息评价学生学习的能力。

(3)具有全面分析、评价其他教师教学的能力。

(二)职业能力

1.行业/企业沟通与合作能力

(1)具有收集、分析、调研行业/企业需求发展等方面信息的能力。

(2)具备与行业/企业人员进行信息沟通的能力。

(3)具备与行业/企业人员进行项目/课题/培训等方面合作的能力。

2.行业/企业实践能力

(1)具有走访、联络行业并与行业建立联系网络的能力。

(2)具有计划、参加和评价自己行业/企业实践的能力。

(3)具有将行业/企业需求、发展态势等信息融于课程改革与课堂教学中的能力。

(4)具有职场安全教育能力。

3.行业/企业服务能力

(1)具有为行业/企业提供人才培养信息、行业发展信息、技术发展信息等信息咨询的能力。

(2)具有与行业/企业合作进行人才培养实践的能力。

(3)具有与行业/企业合作进行项目开发、技术支持、课题研究等工作的能力。

(三)社会能力

1.人际交往能力

(1)具有与他人(学生、同事、家长和社区)进行沟通、交流的能力。

(2)具有发现与他人沟通、交流中存在问题的能力。

(3)具有解决与他人沟通、交流存在问题的能力。

(4)具有与他人建立良好人际沟通、交流关系的能力。

2.合作能力

(1)具有与他人(学生、同事、家长和社区)进行合作的意识。

(2)具有与他人分享资源、相互支持和帮助等基本合作能力。

(3)具有与学生、同事、家长和社区建立合作关系的能力。

(4)具有发现与他人合作过程中存在问题的能力。

(5)具有解决、处理与他人合作过程中存在问题的能力。

(四)专业发展能力

1.反思能力

(1)具有主动反思自己的教育教学的意识。

(2)具有分析、总结、评判自己教育教学实践的能力。

(3)具有通过学习和自我更新持续不断地完善自己教学实践的能力。

2.学习能力

(1)具有不断学习和创新的终身学习意识。

(2)具有不断学习先进的职业院校教育理论的意识和能力，了解国内外职业院校教育改革与发展的经验和做法。

(3)掌握教师学习的特点和方法。

(4)具有不断学习、掌握行业/企业信息和技术的能力。

3.研究能力

(1)具有搜集、整理、分析国际国内职教研究信息的能力。

(2)具有发现、提出职教实践中存在问题的能力。

(3)具有从事职教教育教学改革研究的能力。

4.个人专业发展规划能力

(1)具有制订个人专业发展目标的能力。

(2)具有提出个人专业发展任务和具体措施的能力。

四、专业实践

(一)创造并维持安全的、支持性的、富有成效的学习环境

1.创建符合职业院校学习特色的学习环境

(1)为职业院校学生营造信任、支持、安全的学习环境。

(2)倡导热爱学习、发明创新、勇于实践的学习精神。

(3)鼓励职业院校学生主动学习、参与教学的学习氛围。

(4)采用适切的方法管理教学中具有挑战性的行为。

(5)关注职业院校学生的幸福感和学习心理安全。

2.创建符合职业院校学生年龄、心理特征、学习特色的学习环境

(1)创建有利于职业院校学生技术技能学习的"一体化"学习环境。

(2)创建符合职业院校学生特点的情境化学习环境。

(3)创建具有特定行业/企业文化特征的学习环境。

(二)有效地计划、实施、评价以及反馈教学和学生学习活动

1.有效地计划和实施教学

(1)根据职业院校学生特点、课程内容等计划和安排教学活动。

(2)建立对职业院校学生具有挑战性的教学和学习目标。

(3)运用适合职业院校学生特点的教学策略,提高职业院校学生学习质量。

(4)选择、利用、拓展适合职业院校学生需求的教学和学习资源。

(5)实施"一体化"教学、"项目"教学、"工作过程导向"教学。

2.有效地评估、反馈自己的教学和学生学习

(1)从不同的视角、立场,利用多样化的信息评价职业院校学生的学习。

(2)利用多样化的途径及时反馈职业院校学生学习的结果。

(3)从多种渠道系统地收集信息,客观地评价自己的教学。

(4)反思自己的教学,并通过学习和自我更新持续不断地完善教学实践。

(三)帮助学生进行职业生涯规划、实现向工作和成人角色的转换

1.帮助职业院校学生进行职业生涯规划

(1)帮助学生明确自己未来的职业目标、职业需求和职业期望。

(2)教会学生进行职业生涯规划的基本知识和技能。

(3)帮助学生进行职业决策。

2.帮助学生实现向工作和成人角色的转换

(1)发展职业院校学生就业技能。

(2)帮助职业院校学生为进入工作场所的职业和生活做准备。

(3)帮助职业院校学生理解工作场所的文化和期望。

(4)帮助职业院校学生平衡工作世界的多重角色。

(5)发展职业院校学生的创业意识和创业能力。

3.促进职业院校学生社会性的发展

(1)促进职业院校学生自我意识、自信心的发展。

(2)发展职业院校学生的团队合作能力。

(3)促进职业院校学生社会、个人和公民道德的发展。

(四)积极进行行业/企业实践

1.与行业/企业建立联系网络和信息沟通机制

(1)积极建立、保持与行业/企业的联系网络。

(2)为行业/企业提供人才培养信息、行业发展信息、技术发展信息等信息咨询。

(3)收集、分析、调研行业/企业需求与发展等方面信息。

2.建立与行业/企业合作的机制

(1)与行业/企业合作进行人才培养实践。

(2)与行业/企业合作进行项目开发、技术支持、课题研究等工作。

(3)为行业/企业提供人员培训服务。

第七章　互联网时代高校创新创业教育师资建设研究

第一节　高校创新创业师资队伍的建设探析

一、教师在开展创新创业教育中的地位和作用

高校创新创业教育是在整个人才培养过程中,运用先进的教育理念、科学的人才培养模式、不断更新的教育内容和适宜的教学方法,培养大学生创新精神、创业意识、创新创业素质和能力的教育。其核心是培养大学生创新创业精神和创新创业能力。创新创业精神方面的教育包括品德、人格、心理素质等方面的教育,创新创业能力方面的教育包括组织领导能力、经营管理能力、沟通协调能力、专业技术能力、开拓创新能力、机会识别能力、创业设计能力和风险承受与防范能力等方面的教育。可见,创新创业教育既不是一种单纯的学科知识教育,也不是单纯的职业技能教育,而是一种在学科教育基础上由多学科支撑的,对学生的创新创业精神、创新创业意识、创新创业知识、创新创业品质和创新创业能力的教育。

高校创新创业教育是一个依托专业教育和相关基础理论教育,内容丰富、涉及面广、操作性强的复杂的系统工程。要想实施好这个工程,就必须推进创新创业教育向深层次发展,培养高质量创新创业型人才,高水平的创新创业教育师资队伍。

第一,教师是创新创业教育课程体系的构建者和实施者。我国的创新创业教育探索虽然开展得比较早,也有一定的基础,但从总体上看,仍处于起步阶段,课程与教材建设滞后,缺乏创业实践平台和政策支持体

系。高校的创新创业教育基本处在开设部分与创新创业相关的课程、开展一些与创新创业相关的活动层面上。从课程设置看,一些高校许多专业还没有开设创新创业教育系列课程,即使有,也缺乏系统性、针对性、可操作性;而另一些高校开展的创新创业教育,则局限于创新创业的理论知识或操作技能层面,与学科专业教育及实践环节脱节。究其原因,还是高校创新创业教育师资力量严重不足,没有时间和精力去研究如何构建并实施符合学校实际的创新创业教育课程体系。只有教师传授特定的知识、经验、技能,指导学生解决学习中存在的问题,创新创业教育才能沿着既定目标顺利进行,预定的教育教学任务才能完成。

第二,教师是创新创业教育教学活动的组织管理者。高校开展创新创业教育是通过一系列目标明确的教育教学活动来实现的,而这些活动是由具有丰富创新创业理论知识和实践经验的教师凭借自己的知识和才能,选择特定的方式与途径组织的。不仅如此,教师还要凭借自己的教学经验和管理才能,有效地控制课堂、控制活动、管理教育对象、把握各项教育教学活动的作用方向和作用程度,才能最大限度地提高创新创业教育教学活动的质量和效益。也就是说,只有启动和进行教师创新创业教育的内部运行机制,创新创业教育的特定目标和要求才有可能达到。

第三,教师是大学生创新创业实践活动的指导者。高校的创新创业实践活动是培养大学生创新创业精神和创新创业能力的重要平台,学校各级各类组织是这一平台的搭建者,大学生是表演者,教师是导演者。教师在各类创新创业活动(如大学生科技竞赛活动、大学生创业计划大赛、大学生创新课题申报、大学生自主创业等)的指导过程中,要注重培养学生的兴趣,训练学生的创造性思维、求异性思维、发散性思维和逆向思维,从而激活大学生创新潜能,激发大学生创新的积极性和创业的主动性;大学生在教师的指导下,能够从活动中获得创新创业的实践体验,陶冶情操,积累经验,锻炼能力。

第四,教师是创新创业教育理论的主要研究者。我国的创新创业教育尚处于初始阶段,基础薄弱,理论研究尚未深入。创新创业教育实践的深入发展需要理论的指导,因此创新创业教育理论研究的需求十分迫切,任务也相当繁重。在一线从事创新创业教育的教师,掌握着丰富的实践素材,对高校创新创业教育存在的问题有着清醒的认识,对如何解决问题最有发言权,对现实的创新创业教育最需要什么有切身体验,对我国创新创业教育今后的走向有深刻思考。所以,社会各界尤其是教育主管部门应采取切实措施,充分调动教师投身创新创业教育科研的积极性和创造性,尽快构建符合我国实际、具有中国特色的高校创新创业教育体系,以促进高校创新创业教育的健康、深入发展。

二、我国高校创新创业师资队伍建设的新要求

结合目前我国高校创新创业师资队伍建设所存在的具体问题,以及其他国家高校创新创业师资队伍的建设经验,要从制度设计、协同创新和全员培训,以及评价激励等多个方面出发,通过完善师资队伍建设路径,从而为高校创新创业师资队伍建设提供强有力的支持。无论是教学环境,还是大学生培养的具体需要,都要注重充实教师力量。在社会创新进程不断加速的今天,做好师资队伍建设,丰富创新创业教学内容极为重要。

目前,我国高校大学生的创新能力不足,创业的成功率不高,从本质上看,造成这一问题的核心原因在于缺乏完善而系统化的高校创新创业师资队伍。因此,想要满足高校大学生创新创业教育活动需要,提高教学实效性,就需要从加强师资力量的角度出发,优化师资配置。除了选聘专业教师外,还要开阔人才选聘视野,聘请社会人士参与其中,为高校创新创业师资队伍充实力量。

根据目前高校大学生创新创业教育活动需要,培养大学生掌握必要的创新精神和创业技能至关重要。特别是通过构建完善的创新创业教学体系,从而有效培养大学生的创新创业能力,让他们在参与过程中形成良好的创新意识。

在创新创业教育实践教学中,提高大学生的创业能力与创新思维至

关重要。因此,良好的高校创新创业教育活动,既能有效挖掘大学生的创业天赋,培养他们的创新思维,也能够培养他们良好的创业心态,尤其是激发他们的创新意识,满足时代需要。在高校创新创业教育活动中,要想实现最佳教学目标,除了要制定合理的教学方案、构建完善的教学体系外,还需要加强高校创新创业师资队伍建设,创新人才配备理念,激发大学生参与创新创业活动的兴趣,从而打造符合创新创业时代环境,满足高校大学生的培养要求。

三、开展大学生创新创业教育的必要性

通过创业来解决就业问题,建设创新型国家,这实际上就是政府颁布与实施创新创业教育的初衷。因此,我们要不断完善创业扶持政策,倡导通过创业来带动就业,搭建多功能的创业服务平台。在当前的教育体系中,高校不仅要为社会发展培养多样化的人才,还要注重为社会发展而服务。高等教育逐步实现了大众化,因此要主动承担起应尽的职责,鼓励与指导大学生创业。在这种情况下,高校要积极落实创业教育注重对人才的培养,将其作为主要工作来抓,这其实也是当代高校的职责。培养大学生的创新创业能力,是确保高校核心竞争力的关键,积极开展创业教育,能够有效地带动就业,在全社会范围内树立创新创业意识,进而辅助构建创新型国家。

树立新的理念,强化对创新与创业的认知,切实提高自身的综合素质,精准定位,进而实现自我价值,在成就自我的同时推动社会的发展,这些是缓解当前高校大学生就业压力的有效途径。引导大学生树立积极的思想,培养大学生开拓进取的精神,通过创业来解决就业难题,更好地为社会发展服务。大学生接受过高等教育,因此创新能力突出,而高校要主动承担起自身的职责,积极开展创新创业教育,指导大学生将其落实到实践中去,更好地面对社会的竞争,同时培养创新人才的综合素质,更好地迎接社会的挑战。

根据政府制定的创新发展规划,高校采取何种措施来解决当前落后

的人才培养制度,切实提高大学生的实践能力,已经成为全社会关注的焦点,也是高校必须解决的难题。判断高校是否具备科学而专业化的教育模式,能不能为社会发展输送综合型人才,就要看其出发点和落脚点。高校要紧跟社会发展步伐,考虑社会发展需求,扭转传统的教育模式,积极推广创新创业教育,加快课程改革的步伐,注重创业课程的开展,打造更加先进、科学且具有实践性的专业人才培养模式。

当前,社会经济快速发展,社会大众的生活条件有了明显改善,部分大学生缺乏对学习的兴趣与爱好,一味地追求物质生活,失去了奋斗目标。利用创新创业教育化管理手段,营造良好的创业环境,让大学生亲身体验创业历程,感受创业的魅力,培养大学生的学习兴趣与爱好,最大限度地发挥其自身的特长,挑选最佳的创业目标。考核模式也出现了巨大转变,不再一味地强调出勤率与卷面成绩,更加注重创新能力、工作绩效以及团队的认可度等,以综合素质来评价。为了达到预期的目标,要积极构建系统化的奖励评判与绩效考核体系,提高工作的积极性与主动性,挖掘自身的潜力,真正地实现创业。培养大学生的综合素质,追求自我价值的实现,精准定位,努力实现自己的梦想与目标,将创业教育转化为社会生产力。

第二节 高校创新创业师资建设策略

一、应用型高校创新创业教育师资队伍建设存在的问题

当前,我国应用型高校创新创业教育师资队伍建设初显成效,但仍然存在一些问题,与应用型高校创新创业教育教师要树立人人成才的新理念、要发展因材施教的新能力、要掌握灵活有效的新方法、要具备实践引领的新素养等要求相距甚远。

(一)教育观念陈旧

目前,部分应用型高校教师对创新创业教育的认识存在误区,导致应

用型高校创新创业教育发展相对缓慢。有的教师认为创新创业教育就是培养未来企业家的教育,关键要教大学生如何开公司、办企业,只要对少部分有创业意向和创业能力的大学生进行创新创业教育就足够了,没有必要面向全体大学生开展创新创业教育;有的教师认为创新创业教育为解决大学生就业难问题提供了新方向和新方法,所以把创新创业教育作为大学生就业指导的有效补充,鼓励大学毕业生找不到合适的工作就选择创业,导致一些大学毕业生没有经过深思熟虑就盲目创业,如开网店、做微商,多数大学生最终以失败告终;有的教师认为创新创业教育只是对专业教育的补充,创新创业教育和专业教育是分割的,专业教育是第一位的,创新创业教育是第二位的,大学生先要学好专业知识,有业余时间和精力的话再学习创新创业知识,因此没有将创新创业教育纳入人才培养全过程。总之,种种原因导致教师对创新创业教育的重要性认识不足,缺乏工作热情和积极性,教学效果不尽如人意。

(二)教师数量严重不足

我国高校创新创业教育正开展得如火如荼,但效果不尽如人意,其中一个主要原因是教师数量严重不足。2019 年,全国高校创新创业教育专职教师近 2.8 万人,而在校大学生的数量已达 3031.53 万人。高校在读生总数与创新创业教育专职教师数的比例约为 1082∶1,即 1082 名大学生只配备 1 名专职教师。杨晓慧认为,"根据专职为主、专兼结合的原则,参照高校就业指导课教师(1∶500)和思想政治理论课(必修课)教师(1∶350～1∶400)配比,创新创业专职教师与在校生的师生比应该不低于 1∶500"。显然,当前创新创业教育教师数量无法满足创新创业教育发展的需求,导致教师在开展创新创业教育时面对数量较多的大学生,往往有心无力,难以做到一一指导、因材施教、有效教学,导致创新创业教育质量不高。

(三)专业性不足

我国高校实施创新创业教育的主体是高校的就业指导中心、创业学院、教务处和学生工作处等部门,创新创业教育的专职教师主要是这些部门的工作人员或教师,创新创业教育师资队伍专业性不足。另外,创新创业教育需要坚持工学结合、校企合作、顶岗实习的人才培养模式,注重"做中学、做中教",重视理论与实践一体化教学,强调实习实训等实践性教学环节,这就对教师的实践能力提出了较高的要求。但是,应用型高校创新创业教育教师由于普遍没有创业经历,缺少企业经营和管理经验,多数不具备开展创新创业活动的能力。主要表现在以下两个方面。第一,创新创业教育以创业基础课程的讲授为主,实践类创新创业教育十分有限。例如,创新创业教育的实践形式较少,主要是鼓励大学生参与创新创业大赛,以获得短期收益或大赛奖励为主,缺少后续的项目孵化工作。第二,创新创业教育的内容比较浅显,往往只是讲解一些概念性的知识,或者介绍一些成功人士的创业案例,教育的深度和广度不够,对大学生实际创业能力的提高非常有限。

(四)师资队伍素质不高

创新创业教育涉及综合知识领域,对师资的素质要求比较高,要求教师不仅具备扎实的专业技能、丰富的创业经验,还要求其具备丰厚的文化底蕴,以及高尚的品格和健康的心理,唯此才能够对走在科技产业前沿位置的创新创业予以引领。而我国当今的创新创业教师,大部分是学生工作管理者和"半路出家"的教师,大多数没有企业工作经验,更没有创业经历,现有的创新创业师资队伍不能满足我国新时代创新创业教育发展的需要。

(五)结构不合理

创新创业教育是一项复杂的系统性工程,需要社会各界共同努力。拥有丰富实践经验的校外兼职教师是创新创业教育师资队伍中必不可少的一支重要力量。当前,"教师队伍结构不均衡也是一大问题。从报告来看,目前创新创业教育师资队伍中专任教师比例过低,仅为14.8%。其人员组成以校内学生工作人员为主,占比约为66.7%,而校外兼职教师呈现较大的校际差异,占比低的仅为5.5%,高的能达到37.7%"。应用型高校目前主要采取校企合作的方式来组建专兼结合的创新创业教育师资队伍,在培养大学生创新创业能力方面发挥了一定的作用,但校外兼职教师质量参差不齐,而且受企业生产或企业管理等因素的影响,很难保持稳定,尤其是兼职教师与高校之间不存在隶属关系,高校难以发挥对兼职教师队伍的激励和约束作用。

二、借鉴美国高校创新创业师资队伍建设的先进经验

美国是创新创业教育发展最早的国家,目前美国的创新创业教育水平位居世界前列。而美国创新创业教育质量领先于其他国家的制胜法宝,就是美国高校充分认识到教师队伍建设在创新创业教育中的核心地位,从而打造了一支强大的创新创业教育师资队伍。美国麻省理工学院、斯坦福大学和百森商学院在创新创业教育方面做出突出了贡献,它们在师资队伍建设方面为我们积累了成功的经验。

麻省理工学院创新创业教育教师有内部学术型和外部实践型之分,为解决教师科研和实践间的冲突,提出 1/5 原则,要求教授在一周内专门设置一天从事创业服务和实践,该做法有效地弥补了创新创业师资力量的不足。另外,麻省理工学院还将创业服务和实践经历作为教师聘用、考核和晋升的重要依据,该举措极大地调动了教师的积极性。

斯坦福大学创新创业教育师资呈多元化,斯坦福大学具有强大的专职教师队伍,同时邀请全球创业成功者及企业管理者担任课堂嘉宾,进行经验分享与交流。除此之外,斯坦福大学还鼓励师生进入企业实习,这样做既提高了教师的教育水平,也为大学生创造了深入企业观摩、学习和实践的机会。

百森商学院拥有一批优秀的创新创业教育教师,其中既有经验丰富的企业家和企业高管,也有卓有成就的科学家和学者。他们除具有丰富的教学经验外,还拥有参与国际性的企业创业经历及研究成果,将其有效融入教学,这就为大学生提供了涉足创新创业前沿知识的机会。另外,百森商学院独特的"创业师资研习班"项目,规定每位教授必须带一位企业家参与教学,为补充创新创业师资树立了典范,同时该学院还面向社会公

开选聘创业者或企业管理者作为客座教授交流经验或做讲座等。

以上三所大学在师资队伍建设中呈现共性：一是师资来源具有广泛性和多元性，校内专职教师与外聘兼职教师有机结合；二是严格的选拔和考核机制，美国在选聘创新创业教师时，对于教师的管理学背景、社会服务经历及学术成果均有严格的要求，而在考核时，也有一套规范的考核评价标准和方法对创新创业教师进行全方位的评估考核；三是重视教师培训，通过定期或不定期地举办教育论坛、培训讲座及搭建交流平台等途径，提高教师创新创业教学能力；四是重视教师创新创业实践经验，创办特色项目，建立企业实习基地，搭建实践平台。

三、高校创新创业教育师资队伍建设策略

建设一支业务过硬、专兼职平衡、流动有序的可持续发展的师资队伍，需要本着激励性、可持续、可行性、校本化的原则，从队伍组建、遴选准入、培训学习、交流共享、评价激励、校企合作等方面进行创新建构。

（一）完善校内师资队伍建设总体规划

创新创业教育是一门综合性的学科，涉及社会学、教育学、心理学等相关专业学科，为此高校应立足本校实际，选拔一批各专业教授及中青年学科技术能手作为核心骨干教师，在薪资待遇等方面予以倾斜以稳定教学师资队伍。同时支持并鼓励优秀中青年教师参加创新创业方面的学习及深造，深入企业亲身感受企业的管理、运作、发展，参与社会实践活动，提高创业实践能力，丰富实践经验。各高校要制订诸如创新创业教育师资培养计划，并纳入学校师资队伍建设的总体规划；建立以创新为导向的符合教学科研规律，科学合理的教师评价指标体系，重视绩效考核过程，公正地评价教师创新创业的成果与业绩，增强教师对创新工作的认同感。制定以创新创业为导向的薪酬方案，同时要考虑到高校教师有着强烈的自我实现的需要，所以还要辅以相应的精神激励，充分激发教师的创新潜能，自觉开展创新创业活动。

(二)组建全员化、多元化、专家型师资队伍

大学生创新创业教育是一个全方位、多层次的工作。而加强高校创新创业师资队伍的建设，则是高校创新创业教育纵深发展、持续发展的关键。要提高大学生创新创业教育的质量，需要全体教职工的参与。创新创业教育是多种学科融合的教育，一方面它要求教师有多学科的知识结构，另一方面要求教师具备一定的创新创业实践经验。因此，高校在选拔和组建创新创业师资队伍的过程中，要注意数量、学科、能力和经验等方面的互补与协调，打造专兼结合、多学科互补、能力经验互为补充的全员化、多元化、专家型师资队伍。

1. 组建校内"学术带头人—核心教师—骨干教师—兼职教师"四位一体的创新创业师资团队

创新创业教育质量的提高，不能靠单打独斗，而应组建一支紧密团结、功能互补的教育教学师资团队。

第一，学术带头人。学术带头人指的是在某一个学术领域和科研项目中的"领头羊"，他们是该学术领域无可置疑的行家里手，可以在学校的相关教研室主任、优秀主讲教师和学校的创新创业教育专家中筛选和培养。学术带头人要在创新创业学科建设中有正确的引领性、较强的专业性、良好的综合能力，能够带领创新创业团队不断精进、开拓、创新、成长。

第二，核心师资队伍。专职创新创业教师为核心创新创业师资，学术带头人和核心师资组成一个核心创新创业师资团队，参与研讨教学大纲、教学设计、教案、教学方式、教学模式、考核方式等重要问题。

第三，骨干教师队伍。选择有志于创新创业教育教学的、有较好的创新创业教学经验和较强的教学能力的兼职创新创业教师组成教学团队。

第四，兼职教师队伍。兼职教师是指兼职教授创新创业课程的普通教师或者新加入队伍的教师。

以上四个层面的队伍具有流动性，应尽量保持队伍的正向流动，既能够培养人才，也能够留住人才。

2.辅导员加入创新创业教育师资队伍

辅导员是创新创业师资队伍中不容忽视的重要力量,辅导员参与大学生创新创业指导教育工作,有得天独厚的优势。第一,辅导员一般比较年轻,与大学生年龄相仿,生活经验和阅历比较相近,当大学生在创新创业过程中出现不良心理情绪时,可与他们进行充分沟通,所以辅导员的指导效果往往更有效。第二,辅导员和大学生相处时间较多,更熟悉他们的家庭背景、性格特点、专业能力、综合素质等方面的情况,能更有针对性、更个性化地进行大学生创新创业指导教育,从而提高大学生创新创业的能力和技巧,实现顺利创新创业。第三,因辅导员的职责和工作的内容,更容易使他们将大学生创新创业指导融入常规工作,增强大学生创新创业指导的实效性。

3.鼓励专业教师加入创新创业师资队伍

专业教师对大学生所学专业认识全面,了解专业的发展趋势、最新动态和重点难点,更能从专业角度理解和指导创新创业教育,在培养大学生的创新创业意识上更有优势。专业教师加入创新创业师资队伍,可以有效弥补创新创业师资中专业知识教育的不足,促进专业教育和创新创业教育的有机融合,促进高校创新创业教育向纵深层次发展,促进创新创业教育成果的专业转化,对创新创业教育质量的提高有重要意义。

4.组建校外兼职的创新创业教师队伍

校外兼职的创新创业辅导教师可以与校内创新创业教师互为补充,提高高校创新创业教育的质量和效果。高校教师更擅长理论,和大学生有着更多的联系,教学方法多样,这些都是高校教师的优势,但其创新创业实践经验欠缺。高校可以向社会招聘和选聘优秀的企业家、成功校友、行业专家、创新创业教育专家等校外人士,组成大学生创新创业教育校外专家队伍。这些校外兼职专家具有较为丰富的创新创业实践经验,充分了解行业动态,同时又具备良好的教育教学素养,能够帮助大学生更好地了解社会行业现实情况和创新创业过程,提高创新创业的技能和素养。因此,高校要充分利用这一优势,更好地整合高校的学术资源和校外的社会资源、企业资源、实践资源，来更有效地组织创新创业教育教学工作，提高高校创新创业辅导的质量。

5.加强创新创业导师专家库建设

建立稳定的职业化的创新创业师资专家库势在必行，应最大限度地吸纳各领域优秀人才为大学生创新创业服务。组建创新创业导师专家团队，发挥专家库的作用，一方面，为应用型本科院校大学生提供优质的创新创业教育和提高创新创业能力的咨询、专题讲座报告和项目指导服务；另一方面，对高校的师资进行培训和指导，提高高校教师的教育教学水平和项目指导能力。创新创业指导专家库的建设，一要稳固好现有专家资源，二要不断吸纳引进各行业的优秀人士，三要做好专家型创新创业导师的管理、评价和激励。

(三)建立创新创业教学督导委员会进行全过程的教学质量监控管理

创新创业师资队伍建设的首要目的，是要全面提升创新创业教育教学质量，必须把质量管理和监控落实到创新创业教育教学的全过程，才能让教育教学的质量落实在每一个环节。

要进行全过程的教育教学质量监控管理，需要建立结构合理、层次分明、权责明确的专家型督导委员会。在人员的构成上，既要有教务处、学生工作部、招生就业处等相关部门的领导把握方向，又要有创新创业学科带头人、骨干教师和教研室相关教师共同参与；既要有校内课程专家，又要有校外优秀企业家、资深企业管理人士等创新创业实践专家。在分工上，委员会要合理分工，对管理职能权限进行分配，在宏观把控和具体操作方面也要有分配，把具体工作落实到人，才能发挥创新创业教学督导委员会团队的优势。

具体来说，创新创业教学督导委员会要在以下几个方面发挥作用。在遴选阶段，创新创业教学督导委员会要制定相关的师资选拔标准、选拔流程、评价标准，组织开展师资选拔和筛选，为创新创业教师队伍挑选能胜任的新任教师。在培养阶段，创新创业教学督导委员会可以通过选拔师资参加培训与学习、一对一帮带辅导等途径来培养教师。创新创业教学督导委员会也要在期初、期中、期末几个关键节点对教师的教案、课件和教学计划等进行检查。在听课督导方面,创新创业教学督导委员会要制订有针对性的听课计划,对骨干、新进教师制订出不同的听课计划,开展同行听课、督导听课工作,促进同行间学习交流,进行有针对性的指导。在交流研讨方面,创新创业教学督导委员会可以组织、参与研讨会,了解最新的教育教学动态和趋势,改进创新创业教育教学工作。在项目指导方面,创新创业教学督导委员会可以对教师指导学生创新创业项目的情况进行督导和了解。在实践教学方面,创新创业教学督导委员会要引领创新创业教师对创新创业项目孵化进行深入指导。在考核评价方面,创新创业教学督导委员会要制定创新创业教师的考核标准、考核方案,组织和实施考核评价,最重要的是要在考核后建立反馈机制,总结和分享先进经验,指导和带动在教学方面需要改进的教师。

(四)优化培训,加强培养,提高创新创业师资的教育教学水平

从教师层面来说,优化培训、加强培养是提高创新创业教育教学水平的必由之路。只有不断提高高校创新创业指导教师的理论素质和教育教学能力,才能促进大学生创新创业教育指导的水平。在这个方面,高等学校可以从多个方面做出努力。

第一,在学校现有师资中挑选骨干进行培养。创新创业教育教学队伍的教师承担着繁重的教学任务,他们热爱创新创业工作,关注大学生的成长,具有扎实的学科知识和良好的教育教学技巧。这支队伍是学校创新创业教育的中坚力量,要重视和加强培养,可以鼓励他们参加培训班进行理论学习,还可以动员他们积极参加高水平的研讨会,鼓励他们到企业里进行实践锻炼,甚至参与创新创业实践。通过多元化的灵活有效的培训方式,较为系统地理论学习和实践锻炼,可以加快骨干教师前进的步伐,缩短骨干教师的成长周期。

第二,加强专业课教师在创新创业教育教学方面知识的培养。这对促进大学生创新创业教育向专业方面的纵深层次发展起到至关重要的作

用。从专业课专任教师中选派优秀教师参加创新创业培训学习,有利于培养专业的创新创业教育师资队伍。专业课教师具备扎实过硬的专业课背景知识和专业技能,加之短期的创新创业教育培训,再加上骨干教师一对一的"帮带"指导,能较快地把专业教育和创新创业教育有机结合起来,教授创新创业课程。

第三,选派优秀创新创业教师参加国家级、省级、同行间的创新创业教育教学讲座和研讨会,搭建平台,促进创新创业教师在创新创业课程教学设计、教学模式、教学内容和方法上的学习,促进其教学能力的提高。通过教学研讨环节,可以开阔创新创业教育教师的视野,促进教学实践的创新,有效提升创新创业教育教学的效果。

第四,实行"骨干帮带新人"的培养制度。新任教的教师无论在创新创业课程的学科知识还是教学方法上,都存在一定的不足和欠缺,他们自己探索提升固然可行,但比较耗时,效果还不明显,因此,在新任教师入职时,安排一名骨干教师帮带新教师,显得尤为重要。新任教师可以向骨干教师学习课程设计、教学方法和案例、课件,还可以与骨干教师交流讨论,这对于新任教师的培养十分有效。

(五)多措并举,突破瓶颈,有效提高创新创业实践指导能力

创新创业教育本身依托于实践,具有很强的实践性,而目前高校教师的实践教学能力还有很大欠缺。因此,我们应着力提高创新创业教师的实践指导能力。

1.校企合作,支持和鼓励教师参与企业的实践活动

校企合作,让更多的教师走出去参与企业的实践,是培养教师创新创业实践指导能力的有效途径。这主要有两个方面的原因:一是创新创业教育的综合性、包容度和实践性,决定了创新创业教育不能脱离企业界的参与和支持;二是由于高校创新创业教师工作阅历的单一性和创新创业经验匮乏,需要补上社会实践、企业管理这一课。高校要加强与企业的合作与交流,可以采取高校教师到企业挂职锻炼、参与企业项目、参加企业家的交流沙龙活动等措施,也可以在不影响正常教学秩序的情况下,允许

条件成熟的教师兼职或停职自主创新创业,以培养教师的创新创业实践教学能力。因此,支持和鼓励高校教师走出校门、走进企业、走进部门、参与项目,走向创新创业实践,与创新创业实践者交朋友,通过多种措施,把理论与实践紧密结合,积累创新创业实践经验,整合社会资源与教育资源,提高高校教师创新创业实践能力和指导能力。

2.依托丰富的校园创新创业活动,锻炼和提高创新创业教师的实践指导能力

积极组织和参加创新创业教育大赛,鼓励教师对大学生所参加的创新创业教育大赛进行指导,也能很好地锻炼创新创业教师的实践指导能力。创新创业教师应该积极参与大学生大赛指导,在比赛过程中深入了解创新创业政策。在创新创业实际案例中有效锻炼创新创业指导能力,不断在具体创新创业案例中学习,提高自身的理论修养和创新创业指导能力。

组织和参与创新创业沙龙活动,也能使创新创业教师从中积累经验。创新创业沙龙是一种小团体辅导活动,参加沙龙的创新创业大学生围绕一个主题进行发言和自由讨论,参与沙龙的创新创业教师和企业家可以采用团体辅导和个别辅导相结合的方法,对大学生的发言和表现进行个性化的点评与辅导,有针对性地帮助大学生了解创新创业行业,从而更好地培养其创新创业意识,提高其创新创业能力,创新创业教师也能够从中积累经验、锻炼指导能力。

3.开展创新创业实训,在教中学,促进教师实践教学的自我成长

开展创新创业实训,也能有效促进教师创新创业实践指导能力的提高。通过创新创业模拟和创新创业实操训练,可以创造和模拟企业情境,在训练中制定模拟公司的管理制度,按照真实的商业运作程序经营模拟公司。开展创新创业实训可以使教师和大学生参照企业的经营模式和管理经验,借鉴企业管理中的先进理念,在实际训练中逐步帮助大学生增强创新创业意识、创新创业精神和创新创业能力,增强他们参与市场竞争和

驾驭市场的应变能力，降低创新创业风险，提高创新创业的成功率。在指导大学生的过程中，创新创业教师自己也体验了创新创业模拟训练情景，在教中学、在导中悟、在练中提升，是一种有效的师资成长模式。

（六）高度重视，有力保障，积极推进创新创业教育师资队伍建设

高校创新创业教育师资队伍的建设不仅涉及社会、企业、政府、高等学校等部门，也涉及学校相关职能部门、教学部门等，需要校内外众多单位和部门的密切配合。因此，省级主管部门和学校党委要高度重视、统一领导，建立各部门齐抓共管、密切配合的创新创业教育管理体制和工作机制，只有这样才能确保创新创业教育师资队伍建设的有效推动和顺利实施。

在制度上，要建立创新创业师资队伍的管理和激励制度，学校要高度重视创新创业教育师资队伍建设，并将其纳入应用型本科院校人才管理方案。高校可以结合本校实际情况，制定创新创业师资培训学习管理办法、创新创业教育师资的聘任和评价制度、创新创业教育师资的科研奖励制度、创新创业教师的职称评定相关政策、创新创业教育的经费使用及管理办法等。

同时，加大对创新创业教育师资队伍建设的投入，在资金、图书、设备、教学资源和实训基地等方面给予支持，为创新创业教师的成长提供有力保障。高校需要有"宽容、自由、创新、开拓"的精神文化引领，应该在高校校园内营造良好的创新创业教育环境和文化氛围。在这一方面，可以设计体现创新创业教育文化的活动方案，也可以建设海报、展板、电子屏、雕塑等物化文化，积极鼓励全员关注和参与创新创业教育，促进创新创业教育师资队伍不断成长。

（七）结合实际情况制定激励制度，明确奖励政策

良好的激励体制可切实提高教师工作的积极性。在整个高校中营造创新创业教育氛围，重点发挥教师的领导作用，在每个学期结束时，可以从这些教师中评选出优秀的教师，同时给以物质方面的奖励。除此之外，

还可以通过设立教育奖励基金来鼓励教师全身心投入大学生创新思维培养以及创新能力提高上来,通过调动教师积极性以更好地影响大学生,不仅可以有效提高教师的整体创新素质,还有利于提高大学生的创新能力,为社会培养创新型人才。

四、大学生创新创业教育师资队伍建设的重要意义

随着社会各界和高校对大学生创新创业教育的重视和加大投入,教育的普及化进程不断加快,在此大背景下,加强创新创业教育师资队伍建设具有多方面的意义。

(一)有利于促进教师自身成长,提高教学水平

大学生创新创业教育包括理论和实践两个部分。作为该课程的实施者和管理者,教师能够在教学实践中提高理论水平,通过亲身参与创新创业实践活动,有利于把自己培养成"双师型"教师。通过参加创新创业培训,不断提高自身的职业技能,充分挖掘潜能,突破自我。通过参与合作交流活动,开阔视野、加强交流、促进合作、取长补短。因此,由优秀教师所组成的师资队伍,更有利于开展创新创业教育活动,从而提高教学水平和质量。

(二)有利于加强大学生教育,促进全面发展

高校的创新创业教育是培养新时代大学生全面成长成才的重要举措。开展创新创业教育将引导大学生走在时代前列,加强大学生创新创业教育师资队伍建设,提高创新创业教育水平和质量,有利于大学生创新精神和创业意识的培养,促进他们全面发展。教师对大学生的创新创业教育,不仅是课程知识的教学,还包括对其世界观、人生观和价值观的指导,引导大学生树立正确的择业观、就业观和创业观,将个人的成长和社会的发展、国家的进步有机结合,从而把自己锻炼成社会主义事业的建设者和接班人。

(三)有利于缓解就业压力,维护社会稳定

打造一支优秀的有战斗力、凝聚力和向心力的创新创业教育师资队

伍,能够为大学生的创新创业提供科学的理论和实践指导。大学生创业成功,既能解决个人的就业问题,又能带动其他人就业,缓解社会的就业压力。大学生走上创新创业道路,在用青春和智慧实现自我价值的同时,也为经济社会发展贡献更多力量,实现了服务社会、奉献国家的初心。

第三节　大学生创业教育师资保障体系的构建

一、大学生创业教育师资的特点及要求

构建创业教育师资队伍,要从师资队伍应该具备的各种基本素质抓起,了解他们理应掌握的各项重点知识,把握他们拓展知识的个性魅力,从创业教育师资的特点与要求上衡量队伍人员,这样构建的队伍才能够满足实际需求,适应创业教育各种政策的变化。

(一)创业理论知识是基本保障

创业教育教学的开展需要掌握专业理论的教师的引导,教师的理论知识越丰富,学生掌握知识、理解知识就越全面。为了满足大学生日益增长的创业知识需求,创业教育教师应该把创业教育理论作为研究对象。教师只有通过深层次的研究与探索,才能合理解答大学生对创业理论知识提出的各种问题。我国创业教育还处于发展的初级阶段,有些理论知识只是生搬硬套地采用国外的理论,创业教育基础理论研究尚未全面开展。高校教师要深入研究创业教育理论,为我国创业教育的发展做出自己应有的贡献。

(二)创业实践经验是现实需求

创业教育课程教学除了要求教师具备扎实的创业理论知识之外,还要求教师拥有丰富的创业实践经验。创业教育是一种以行动为导向的课程活动,教师是课程活动的指导者,他们所指导的内容应该包含大学生在教学过程中获取创业实践体验、积累创业经验、创新实践能力和科技成果转化能力。随着大学生创业激情的日益高涨,创业实践活动的频繁出现,

教师的纸上谈兵功夫远远满足不了社会的现实需求,而创业中所面临的一系列问题就需要在这个过程中得以解决。另外,创业作为一项实践活动,与现实社会联系得非常紧密,创业课程中的知识可以很容易地体现在现实生活中。教师有无丰富的创业实践经验,直接影响到创业教育的教学效果。大学生的疑惑得不到解答,教师也就没有了以往对他们的绝对引导权。

(三)创业管理认识是前进动力

大多数创业教育教材都提及创业管理概念,凸显了管理企业的重要性与艰巨性。古语有云:"打江山易,守江山难。"同样,创立企业在现实社会中是相对比较简单的,但是如何让企业逐步壮大、平稳发展、日益创新,确实需要创办人花费巨大的精力、物力和财力。大学生是一群刚刚进入社会的热血青年,并不缺乏创业激情,但在经营管理中如何让企业立于不败之地却是他们面临的难题。创业教育教师应该从企业开创运营起,从企业的经营管理、财务管理、风险管理、投资管理等方面为大学生构建企业管理保障体系,从各个方面增强他们创业的自信心。

二、大学生创业教育师资的来源

(一)依托校内教师构建师资队伍

目前,大部分高校内部都有与创业教育联系紧密的相关教师,他们分别是已经创办企业的资深教师、管理类专业的部分教师、就业管理工作教师和优秀辅导员。从创业教育师资队伍的特点和要求来看,这些教师都有他们各自的优势。例如,已创办企业的教师所具有的创业实践经验和管理经验是完全可以与大学生进行分享的,就业管理教师对大学生创业相关政策非常熟悉,等等。既然他们各自拥有与创业教育相关的各项优势,高校在开展创业教育的过程中就应该抓住这些教师的特点,使他们在创业教育活动中发挥出应有的作用。当然,他们的这些优势还远远不能满足大学生创业教育的实际需要。因此,有必要选派这些教师参加创业培训,如 KAB 创业教育(中国)项目、师资培训项目、人力资源和社会保障部统一培训和认证的 SYB 课程项目等,并为这些教师提供到企业挂职锻炼的机会,培养教师的创业教育专业性,使他们具备专业创业教育教师的特质。

(二)依托校外成功人士充实师资队伍

前面已经提及,创业教育具有典型的实践性。在教学过程中,大学生普遍希望学校邀请校外成功人士或者企业家参与校内创业教育课堂授课。这些人士可以起到校内教师无法替代的作用,其对大学生带来的帮助也是相当惊人的。他们以自身的创业经历为落脚点,以企业运作中所面临的实际问题及其解决方法为案例,无疑可以成为大学生学习的最好资本。同时也会发现,由他们来授课的课堂,气氛非常活跃,大学生的积极性相当高,创业教育的教学效果也非常好。这些人士作为创业教育的师资,解决了大学生关于创业实践经验和创业管理认识的相关疑惑,作为高校创业教育师资队伍的有力补充,壮大了创业教育师资队伍。其实,这些人士的范围是非常广泛的,除了一些企业家之外,还包括金融界、投资界、法律界等与创办企业联系密切的有关领域的专家。

(三)依托校友群体完善师资队伍

高等学校校友群体是高校管理者可以考虑的又一重要的创业教育师资来源。对于一些成功的校友来说,虽然他们也是企业家或者其他成功人士,但与上文所提及的成功人士相比,校友在某种程度上对母校更有责任心和奉献精神。因为对于校友来说,母校的亲近感是无可替代的。因此,当被邀请到母校授课、演讲或是做报告时,他们内心深处是非常愉悦的,其在与大学生分享经验和交流得失的过程中为大学生提供的实践经验也是其他企业家无法超越的,可以说他们是倾囊相授的。除了分享这些成功经验,一些校友企业家往往会以设立奖学金、创业基金、就业岗位等形式来帮助师弟与师妹,薪火相传,回馈母校。校友群体的大小与学校的历史和规模有着很大的关系。我们可以做的就是,团结所有可以团结的校友,让他们参与学校的创业教育,使原本不富足的师资队伍更加完善。目前,中国计量学院开展了一系列校友访谈活动,很多活动都是围绕创业创新这个主题而展开的。对于每次访谈,学校领导都非常重视,参与的大学生也是座无虚席,取得了很好的成效。

三、高校创新创业教育师资的保障

在开放办学的新时代,随着国家扩招政策的实施、招生制度的改革、生源日趋多元化,如何保证人才培养质量是应用型高校面临的首要挑战。可见,应用型高校应以培养大学生实践能力和创新创业能力为中心,以培养应用型技术技能人才为目标。师资队伍建设作为人才培养质量保障的根本,同样需要适应办学环境之变。当前,教师创新精神不足和创新创业教育经验不足是影响应用型高校创新创业教育发展的主要因素,如何科学有效地提高教师创新创业教育水平是值得深思和亟待解决的课题。深化创新创业教育改革,需要统一思想、达成共识,调动教师的积极性和主动性。百年大计,教育为本;教育大计,教师为本。促进应用型高校创新创业教育发展的关键,就是打造一支既懂理论又具备创业实践经验的专兼职相结合的师资队伍。加强创新创业教育师资队伍建设需要联合校内外各方力量,整合应用型高校校内外资源,结合教育规律和学生成长规律,多措并举,多管齐下。

(一)政府要为创新创业教育提供政策和资金支持

当前,国家为大力支持高校创新创业教育推出了一系列的改革举措,但宏观层面的指导意见多,微观层面的具体执行细则少,以及缺乏有效的监督机制,导致政策落实大打折扣。基于此,政府要进一步完善应用型高校创新创业教育师资队伍建设资金支持和政策保障体系。

第一,各地要整合财政和社会资金,支持应用型高校创新创业教育师资队伍建设。一是政府加大对师资队伍建设的投入力度,统筹协调财政、科技、人社等部门,整合现有专项资金向高校创新创业教育倾斜,提高教师创新创业教育教学能力。二是鼓励社会组织、公益团体、企事业单位和个人设立师资队伍建设专项基金,如教师资助项目和青年教师基金,以多种形式向高校创新创业教育师资队伍建设提供资金支持,并做到专款专用，提高资金使用效率。

第二，政府要完善应用型高校创新创业教育师资队伍建设政策措施，促进创新创业教育教师专业化发展。例如，"加大政府统筹。依托职教园区、职教集团、产教融合型企业等建立校企人员双向交流协作共同体"，鼓励创新创业教育教师与产业界技术人才双向流动。

第三，政府要为应用型高校创新创业教育师资队伍建设提供制度保障。政府必须直面创新创业教育师资队伍建设的现实困境，创新体制机制，协调各方利益，统筹各方资源，构建促进高校创新创业教育师资队伍建设的新制度。

(二)引导创新创业教育教师树立正确的教育理念

第一，创新创业教育教师要认识到创新创业教育的重大意义。在高校开展创新创业教育，其目标是培养具有创造力的人才。创新创业教育并非精英化教育，而是面向全体大学生的通识教育。应用型高校创新创业教育要面向全体大学生，贯穿人才培养全过程，培养全体大学生的创新创业能力。因此，教师要转变教育理念，着力将创新创业教育融入人才培养全过程。

第二，创新创业教育教师要了解大学生所学的专业知识，在创新创业教育讲授过程中贴近大学生的专业背景。创新创业教育只有与专业教育相融合，才能促进创新创业教育专业化、学科化发展，才能实现对大学生创新思维和实践能力的培养，同时专业教育也才能实现理论与实践相结合，实现学以致用、学有所用，使大学生真正将专业所学应用到将来的职业发展之中。创新创业教育教师在授课过程中要贴近大学生的专业背景，切合他们的认知和接受习惯，实现创新创业教育与专业教育相互影响、紧密依存，从而培养他们的创业能力和专业技能。例如，在机械电子工程专业的"机电一体化系统设计"课程教学中，教师可以设计一堂创业课，将创业相关知识渗透其中，引导大学生从创业者的角度思考身为创业者需要掌握哪些机电一体化知识、了解哪些国家政策和法律法规，从而生产出新颖、受欢迎的机电产品。这样既可以提高大学生的学习兴趣，也会使他们初步了解到作为一名创业者需要具备的基本专业素质。只有立足于专业谈创业，才能真正调动大学生的学习热情与创业激情，将创业有形化、具体化，从而培养大学生脚踏实地的专业精神，从专业汲取"营养"，化专业为专长。

(三)加强创新创业教育教师培训

应用型高校创新创业教育在教学中应注重培养大学生的创新意识、创新思维和实践能力，并充分利用好各方资源，协调好各方关系，这对教师提出了较高要求。创新创业教育教师可谓"任重而道远"，加强学习、提高能力迫在眉睫。应用型高校要做到让创新创业教育教师先培训后上岗，制定创新创业教育师资队伍发展目标和发展规划，建立科学合理的创新创业教育教师培训体系，促进创新创业教育教师专业成长。

第一，应用型高校应为创新创业教育教师提供学习培训的机会，鼓励和支持其学习先进的创新创业教育理念、方式方法等。同时，开发系列分类培训课程，对新入职教师、中老年教师、行政教辅管理人员采取分层次、分类别教育，做到有目的性、有计划性。例如，实施"青年教师培养"计划，帮助新入职教师制定职业生涯规划，树立近期目标和长期目标，实施全过程的人才培养与发展跟踪，促进其专业成长。此外，对创新创业教育教师的培养应强调对工作坊、高峰体验课程和沙盘演练等实操性强的方法的运用，以提高教师的实践教学能力，实现对大学生创新创业过程的有效指导。

第二，在"互联网＋"时代，我们要享受互联网带来的便利，充分利用信息化技术推进师资队伍建设。应用型高校应运用先进技术建立网络培训系统，为教师自主学习提供平台，形成线上线下深度融合的创新创业教育教师培训体系；创建创新创业教育网络课程平台，为教师提供多样化的、丰富的优质课程资源；鼓励教师使用手机、平板电脑等移动互联网设备，随时随地利用碎片化时间进行学习。

第三，应用型高校应让创新创业教育教师深入企业挂职锻炼，和企业开展项目合作。要提高学校创新创业教育水平，关键是拥有大量的有实际创新创业经验的教师。一是新入职的创新创业教育教师必须接受半年职业实践培训才能正式上岗；二是落实好创新创业教育教师每两年不少于两个月时间到行业企业挂职锻炼的制度，促使教师掌握行业的前沿知识和新技术、新工艺，跟上产业发展步伐，提高实践教学能力；三是建立创业导师制度，在全面了解行业企业需求和发展状况的基础上，给予大学生针对性的发展建议，并采用严格的选拔制度，让学校创新创业教育教师深入行业企业率先实践，培养内部导师，也可以与行业企业进行合作，引进外部导师。

(四)完善创新创业教育教师考核激励机制

第一，建立科学的创新创业教育教师评价体系和激励制度。要科学、全面地评价创新创业教育教师，提高教师从事创新创业教育理论与实践研究的主动性和积极性，从而为应用型高校创新创业教育持续健康发展提供智力支持和人才支撑。为此，应用型高校应健全激励机制，营造良好的教学环境和工作氛围，激励教师优化教学行为。首先，科学规划教师职业生涯发展，让教师把主要精力投入工作中，刻苦钻研、勤于思索，专注于创新创业教育教学，提高创新创业教学能力。其次，建立科学的岗位职责和管理制度，完善培训体系，让教师学习先进的创业教育理论知识，提升实践技能，从而提高创新创业教育教师的整体素质。最后，建立健全考核机制，完善创新创业教育教师薪酬及福利管理制度、教学质量考核办法、教师下企业实践管理办法等，使教师的绩效工资、年终考核、职称评定和晋升等都与创新创业教育工作直接挂钩，从而提高教师的工作积极性。通过以业绩为导向的职称评聘、岗位聘任、岗位考核三项标准建设，实施教师分类聘任和分类考核，建立人岗相适、人尽其才的活力机制。此外，在学校教学成果奖、优秀教学奖、教学名师奖等教学奖励中，对于积极开展创新创业教育教学改革的教师，要予以优先推荐，要把制度落到实处，突出奖惩原则，避免绩效管理中的"大锅饭"现象。尤其要通过政策加大对创新创业教学与研究成果的扶持力度，并严厉惩罚不利于创新创业教育的教学行为。应用型高校的奖励行为应因事、因时、因境、因人而异，根据不同教师给以不同的物质激励,如职称晋升、培训、科研与教学资助等。同时,应用型高校在激励创新创业教育教师不断改革教学的进程中,应重视教师信息反馈,根据教师的意见和建议适时调整奖惩措施。总之,应用型高校要营造良好的工作环境,形成有序竞争的局面,从而提高教师工作效率,激励教师不断前进,为创新创业教育高质量发展提供持久动力。

第二,制定鼓励和支持创新创业教育教师挂职锻炼和停薪留职的工作机制。应用型高校要鼓励教师以学校为依靠、以实验室为平台,有目的性、有针对性地开展创新创业活动;实施停薪留职政策,鼓励创新创业教育教师开公司创业,积累一定的创新创业实践经验后再返回学校。

(五)构建来源广泛的兼职教师队伍

校企合作是政府、企业、学校共同推动国家经济发展的重要桥梁,我们应充分发挥校企合作在创新创业教育方面的作用,建立成熟的校企合作模式,校企共同打造创新创业教育师资团队,构建专兼结合的导师队伍。可见,在创新创业教育中,兼职教师的作用不可忽视。兼职教师应参与应用型高校人才培养全过程,与专职教师共同制定人才培养方案,共同论证专业建设方案和课程建设方案。应用型高校应借助校企合作的平台,聘请行业企业能工巧匠、名家大师来校授课或举办讲座,引入企业创新创业的成功案例,帮助大学生了解创新创业的方向和市场需求;邀请优秀企业家作为兼职教师讲授创业实践内容与实战案例,使大学生了解创业实践中可能遇到的各种问题以及解决问题的方式方法,并推行"结对"制度,使大学生近距离接触企业家,从而充分发挥先进典型的示范作用,提高大学生的创新创业热情。此外,还可以聘请优秀创业校友担任兼职教师和演讲嘉宾,介绍自己的实际经历和创业经验,充分发挥朋辈教育优势,为大学生提供创新创业的思路,让创新创业教育更加深入人心。这是因为,朋辈关系对个人的影响甚至可以超过教师和长辈,优秀创业校友拥有丰富的人脉资源,可以为大学生提供创业指导意见或分享最新市场动态,帮助大学生完善创业想法、拓展创业人脉,从而对大学生创业起到辅助作用。总之,应用型高校不仅要聘请创新创业教育兼职教师,还要发挥兼职教师的中介作用,注重以兼职教师的榜样宣传来引导学校领导者、教师和大学生对创新创业教育的正确认知,从而营造良好的创新创业教育环境。

创新创业教育是社会主义教育事业的核心,是学校的立命之本。应用型高校必须重视创新创业教育,紧紧围绕"培养什么样的人、怎样培养人、为谁培养人"这一根本问题,紧扣时代发展主题,把创新创业教育贯穿于大学生培养的全过程。教师是教育的第一资源,高质量的教育来源于高质量的教师队伍。应用型高校创新创业教育是一项复杂的系统工程,而教师的数量和质量、知识能力水平以及实践经验是此系统的核心要素,应用型高校要打造一支政治坚定、业务过硬的创新创业教育师资队伍,为创新创业教育提供有力支撑。

四、大学生创业教育师资的评价体系

高校的教师评价制度已经非常完善,但是专门针对创业教育教师的评价体系还不多见。为了提高创业教育教师的工作效率和积极性,建立合理且完整的教师评价体系和激励机制是非常必要的。当然,高校如果专门为了创业教育而独立开展一项教师评价活动,势必要浪费高校很多资源,各种程序也是重复操作。创业教育教师评价与其他教学教师评价有很多相似的地方,同时也有一些不同的方面。针对那些相似的地方,高校为了减少资源和降低重复性,可以沿用其他科目教师的评价方式进行操作。关键是如何处理那些不同的评价方面。在讨论之前,有必要先阐述一下这方面的背景。高校大学生的就业率一直以来都是教育部门考查高校教学水平的一项重要指标,而高校也不可能会因鼓励大学生就业而降低这项指标。这就导致学校对有关创业教育和创业教育教师的投入非常有限,很多教师不愿意也不想参与创业教育。为改变这种局面,高校既要加强创业教育的宣传和实施工作,又要加大对创业教育的投入。只有让参与的教师获得更多的利益,才能吸引更多的优秀教师为创业教育付出;而只有对这些教师的劳动做出合理的评价和制定完善的激励机制,才能从根本上解决创业教育目前在高校不尽如人意的现状。创业教育教师评价的不同地方在于对大学生实践水平的检验和现实的反馈,这部分评价可能战线拉得比较长,需要教师的努力与守候。

总之,大学生创业教育师资的评价体系是一项复杂的工程,作为师资队伍保障体系构建的一项内容,需要高校管理人员在紧抓创业教育的同时,深入把握评价体系的各项内容和指标,公平公正,让高校的大学生创业教育焕发出勃勃生机。

参考文献

[1]乔凤天.高等师范院校双创教师教育系列教材游戏策划与设计[M].北京:科学出版社,2022.

[2]邓娟娟.双创时代高职教师核心素养培育路径研究[M].天津:天津科学技术出版社,2020.

[3]黄洁,雷佳宾.职业教育改革视域下双创教师团队建设对策[J].新疆开放大学学报,2022(2):40—44.

[4]苗永美,钱立生,张维,胡庆森,张越.应用型本科院校"双创"教师学习共同体构建[J].创新创业理论研究与实践,2022(12):8—10.

[5]吕健伟,韩宝军,卢昆,何鑫.应用型高校双创教师教学能力提升策略研究[J].河北能源职业技术学院学报,2021(4):9—11.

[6]肖荣辉.创新地方高校双创教师队伍培养路径[J].继续教育研究,2021(2):113—117.

[7]彭燕.专创融合背景下高校双创教师的职业发展[J].湖北第二师范学院学报,2020(11):75—79.

[8]曹莹.高校双创教师胜任力与双创教育绩效提升[J].内江科技,2022(9):128—129,135.

[9]刘浩,崔兰.翻转课堂下双创教师的定位及实现[J].产业与科技论坛,2019(15):270—271.

[10]田俊萍.应用型高校双创教师教学能力提升策略研究[J].许昌学院学报,2018(9):93—96.

[11]包东飞.基于创客空间建设的高职院校双创教师教学能力提升路径思考[J].现代商贸工业,2020(36):73—74.

[12]孙超,刘昕彤,裴祥喜.应用型本科院校双创教师队伍规范化建设研究[J].创新与创业教育,2018(6):124—126.

[13]朱倩."一带一路"倡议机遇下的高职院校双创教师培养研究[J].教师,2018(32):76－77.

[14]欧阳杜娟,刘楠.关于"双创"教师队伍建设与人才培养模式的探讨[J].轻工科技,2018(4):160－161,163.

[15]简红彬,田帅,侯晓静."双创"师资队伍建设中教师面临的问题与对策[J].天津职业院校联合学报,2023(4):61－64,74.

[16]肖贻杰,陈晓华.论高职教师双创能力:内涵、构成与特征[J].广东教育,2023(6):13－15.

[17]车刚,万霖,衣淑娟."双创"背景下高校教师绩效评价探讨[J].农机使用与维修,2023(11):122－124,128.

[18]杨剑,王丽."双创"背景下应用型高校创新创业教育教师队伍建设策略研究[J].创新创业理论研究与实践,2020(9):87－89.

[19]雷小龙,张黎骅,许丽佳.农业工程类专业教师参与"双创"育人途径构建与实践[J].黑龙江教育(理论与实践),2024(4):89－93.

[20]郭璇.双创背景下的"双师型"教师队伍建设[J].长江丛刊,2020(23):142,144.

[21]冒小璟,张振琴,辛洪亮."双创"背景下药学专业教师核心素养提升探索[J].教育教学论坛,2019(48):28－29.

[22]黎国荣.双创背景下的双师双能型教师队伍建设[J].教书育人,2020(9):60－61.

[23]张真,赵婷.高校"双创"型教师激励机制的研究[J].创新创业理论研究与实践,2021(24):4－9,13.

[24]柯丽芬.基于学生双创能力培养的高校教师能力提升研究[J].科教导刊,2019(1):75－77.

[25]江淑燕.双创背景下高校英语教师职业技能发展研究[J].海外英语,2023(18):94－96.

[26]李志荣."双创"背景下的高校教师样板党支部建设路径研究[J].智库时代,2023(21):28－30.

[27]冷静薇.基于"双创"视角高职教师创业创新能力培养措施分析[J].太原城市职业技术学院学报,2023(4):84－86.